禅的修行入門

誰でもあらゆるものから
自由になれる秘訣

鈴木俊隆［著］
藤田一照［訳］

徳間書店

not always so
Practicing the True Spirit of Zen
Shunryu Suzuki

Published by arrangement with HarperCollins Publishers
through Japan UNI Agency, Inc., Tokyo

序文
Introduction

いつもみなさんと共に

鈴木俊隆老師は一九七一年一二月四日に遷化《せんげ》されました。そのとき、鈴木老師の弟子たちはすでに、タサハラ禅マウンテン・センターでの接心（一週間にわたる坐禅の集中修行）を一二月一日から始めていました。また、鈴木老師が住んでいたサンフランシスコでも一二月四日の明け方五時から同じように接心が始まっていました。禅堂で最初の坐禅が始まったちょうどそのころ、同じ建物の二階で、老師の法嗣《ほっす》として選ばれたリチャード・ベイカー老師、鈴木老師の妻のみつ夫人、息子の乙宥《おとひろ》氏に見守られながら、鈴木老師はこの世を去りました。老師は自分の弟子たちが坐禅を始め、さらにその後数日間坐禅を続けるときが来るまで、旅立つのを待っていたのでしょう。それは老師からの別れの餞《はなむけ》別でした。

老師の告別式に参列するために何百人もの人たちが禅センターを訪れ、翌日には、約八〇人がコルマ［カリフォルニア州の地名。日本人墓地がある］での最後のお別れにやってきました。棺が炎の中に消えていく前に、私たちは法要を行いました。全員でお経を唱えながら、参列者の一人一人が赤いバラを棺の中に入れていきました。人々がバラを供えているのを見ながら、私はここに集まった人たちがどれほど鈴木老師のことを愛していたかということを感じて強く心を打たれました。平静さ、悲しみ、恐れ、誇り、落胆といったさまざまな感情が、彼ら一人一人を際立たせていましたが、腕を伸ばしてバラをそっと置く彼らのしぐさには例外なく愛が満ち溢れていたのです。それもまた、老師からのもう一つの餞別なのでした。

老師の講話が書物の形になった最初の本である『禅マインド ビギナーズ・マインド』（藤田一照訳、ＰＨＰ研究所）は、老師の使った「ビギナーズ・マインド〔初心者の心〕」という表現を、目覚めを表すメタファー、人生を生きるうえでのパラダイムとして有名にしました。解明し続けなさい。すでに知っていることに固執しないように。「初心の者の心にはたくさんの可能性があります。しかし、熟練した者の心にはほとんど可能性がありません」。出版されてから三〇年経《た》った今でも、この『禅マインド ビギナーズ・マインド』は依然として仏教に関する本のなかで、世界的ベストセラーになったものの一冊であり続けています。さて、今般私たちは、鈴木老師の講話のなかから未刊のものをさらに編集して出版し、簡潔でありながらも力強い鈴木老師の教えをみなさんと分かち合おうと思いました。「教えというのはあなた一人のためだけにある」と鈴木老師はおっしゃいました。この本を読んでいただければ、おそらくはみなさんが生きていく道のどこかで、きっとご自分の人生のなかに鈴木老師の存在を感じることでしょう。賢明で温かい心をもった友人として、そして暗闇の中における目には見えない同伴者として。それこそが、鈴木老師の言葉が私たちに与えてくれるもの、つまり、自分の中に存在している導きの師、自分固有の気づきの内面性を目覚めさせてくれる機縁なのです。「みなさんは仏なのです。そして同時に、普通の心でもあるのです」と。

どのような師にとっても（とりわけ禅の師の場合はなおさらそうなのですが）最も困難なことは何一つ教えることなくして教える、ということです。「もし私がみなさんに何かを言ったら、みなさんはきっとそれに固執してしまうでしょう。そうなったら、みなさんが自分自身で発見する力を制限することになります」と鈴木老師は言いました。しかしそれでもなお、片桐《かたぎり》大忍《だいにん》老師（一九二八〜一九九〇　曹洞宗の僧侶、ミネソタ禅センターの創設者）が言ったように、「何かを言わなければならない（You have to say something）」のです（片桐老師には*You Have to Say Something: Manifesting Zen Insight*と題された講話集がある）。師がもし何も言わなかったとしたら、弟子は習慣的な在り方に固執してさまよい続けるからです。そこに、才気にあふれた人間になって人に答えを授けてあげたいという誘惑が生まれてきます。しかしそれは、諺《ことわざ》にあるように「好肉に瘡《きず》をえぐる［きれいな肌にわざわざ傷をつくる］」ことにしかならないでしょう。そうなると、弟子は自立することなく、ますます師に頼るようになります。そして師は弟子たちがどうしてそんなにあれもこれもと欲しがり、ものわかりが遅いのかといぶかしく思うようになるのです。しかし、弟子がしがみつくようなものを何一つ与えることのない師がいれば、私たちは自分自身が目覚めるのを感じるのです。私たちは何をするのでしょうか？　それは「自由」とか「解脱《げだつ》」と呼ばれ、私たちは深遠な仕方で自分独自でありつつ、同時にすべてのものと深くつながります。

これはきわめてありそうなことなのですが、鈴木老師がなんとか英語で語ろうと苦労していることは、彼の教えをかえって生き生きとしたものにしています。たとえば、老師はほんとうに things as it is（あるがままのもの）と言いたかったのでしょうか？　その言い方は単に間違った英語だったのでしょうか？〔文法的には things as they are が正しい〕それとも深い教えとしてそう言ったのでしょうか？　本書のなかでその表現が数回使われていることから見て、それはきっと後者だったのでしょう。だとするなら、この表現で老師は何を教えたかったのでしょうか？　それを突きとめようとすればするほど、ますますとらえどころがなくなっていきます。しかし、弟子として、あるいは道を求める者として、私たちはしばしば、自分が「わかった」かどうかを確かめようとします。それを表現することができるでしょうか？　言葉で語ることができるでしょうか？　悟りの方向へと、他者を利する方向へと私たちの人生を方向づけるような言葉とは何なのでしょうか？

悟りは私たちを助けてくれるのでしょうか？　鈴木老師は、人生を永久に変えてしまうような特別な体験を得ることをめざすという考えを、「間違い」あるいは「観光的な修行」として断固否定しています。しかし同時に、悟りなどないとも言っていません。それは「今この瞬間を忘れて、次の瞬間へと成長していくこと」だと老師は言っています。「みなさんがどこにいようとも、悟りはそこにある」とも言っています。では、どのようにすればそれを経験できるのでしょうか？

鈴木老師が言い続けたただ一つのこと、それは「只管打坐《しかんたざ》を行《ぎょう》じる」ということでした。只管打坐は英語ではたいてい just sitting（ただ坐る）と訳されていますが、「思考を抑圧することでもなく、また思考に耽《ふけ》ることでもない」と表現することもできます。鈴木老師は「一瞬一瞬に生きなさい」「息を吐き切りなさい」といったさまざまな表現をしています。それは、その気になれば際限なく説明することができるけれども、そうしたところで何の説明をしたことにもならないような表現の一つです。そしてみなさんがもし立ち止まって、「これ」が只管打坐ではないかと思ったなら、それはおそらく只管打坐ではないでしょう。その一方で、只管打坐は、「息を吐き切って、空《くう》（emptiness）の中に消えていく。これが只管打坐だ」という表現にあるように、「あれ」ではなく「これ」を指し示します。それは息を吸うことであるよりむしろ吐くことであり、出現することであるよりむしろ消滅することなのです。また一方では、区別しないことを指し示します。「一瞬一瞬に生きる」ということは「自分自身を全面的に表現すること、ありのままの自分を開示すること」です。おそらく、この全面性のことを、消滅のもう一つの形態、つまりあらゆるものを包む存在の全体性として理解することができるでしょう。一つの側面はモンキー・マインド〔あちこちに飛び回る思考〕を一掃することであり、他方の側面は自己を実現すること、自分自身を「リアル」にすることなのです。私たちはどのようにして只管打坐を理解し、その達成をどのようにめざすべきなのでしょうか?「地面の上で起き上がりなさい。空の上で起き上がりなさい」「只管打坐とはただ自分自身でいることです」

鈴木老師のやり方は、理解しがたいものでした。彼の教えは何ものにもとらわれておらず、教えにおいて、老師はいかなる特定のやり方にも固執しませんでした。その実例を示すようなお話を紹介しましょう。

ある日、鈴木老師は私に、「禅堂では私の真ん前に坐りなさい」と言いました。「そうすれば君が居眠りをしてコックリコックリやりだしたら、私はすぐにそれに気がついて、立ち上がって君を警策（きょうさく、あるいはけいさく　坐禅のとき、修行者の肩ないし背中を打つための棒）で叩けるだろうからね」。老師は短い木の棒を使って私を叩き、目を覚まさせてくれるでしょう。そうすればほんの短い間かもしれませんが、その場の空気と私の心がスッキリとし、落ち着いていて、それでいて活力に溢れたはっきり覚醒した状態になるでしょう。私を叩くために老師がわざわざ坐禅から立ち上がってやってきてくれることをとても光栄なことだと感じました。私は三〇分間くらいはしゃんと坐ってはっきり目覚めていたのですが、そのうちウトウトしはじめました。そこへ老師がやってきて、パン、パン。パン、パン〔叩く音〕。老師はこう言いました。「お前は、禅の弟子として、お前と同じくらい真摯な誰かと出会うように努めなければならない」

すべてのものが脱落します。肩を二回打つ前に、老師の棒はほんの短い時間、首の右側に置かれます。そして、私たちは合掌して礼をし、頭を左へ傾けて上体を前に傾けます。それから老師が右肩を叩いた後、右へ上体を傾け左側の肩を叩いてもらいます。この棒による打撃そのものは思いもよらないほど突然にやってきてびっくりするようなものです（人を身体的におびえさせるようなものだという意味ではありません）。しかし、その一打のタイミングを予期したり時間を計ったりすることはできるものではありませんから、どのような思考も感情も感覚もそれには太刀打ちできません。それは、なんらかの感覚をみなさんの中に叩き入れるというよりもむしろ、足元から床を叩いて取り去るような感じです。これは非常に落ち着かない感じがするものですが、その一方で地に足がとてもしっかりつく感じ（grounding）でもあるのです。数瞬間の間、すべてのものからの自由、伸び伸びとした広がりの感じを味わうことができます。「いかなるものにも固執してはいけません。たとえそれが真理であってもです」と鈴木老師は言いました。「これがみなさんにとって最後の瞬間であるかのように修行するなら、あらゆるものから自由になれるでしょう」。しかし、私たちは遅かれ早かれ、何らかのつかむものや集注するもの、それを相手にして自分が何かをするものを探しまわりはじめます。そうして物の世界——対象としてあれこれ取り扱ったり、それについてあれこれ気を揉んだりする何か——が再び現れるのです。うまくいっているだろうか？　と。

あるとき、私はじっと動かないで坐り続けることに悪戦苦闘していました。すると鈴木老師が手を私の両肩にじっと置いて、私に深く触れてくれました。自分の息が和らぎ、長くなっていきました。緊張がほぐれ、両肩は温かさと活力で輝きはじめました。あるとき私は鈴木老師に聞いたことがあります。「私の両肩に手を置いたとき、老師は何をなさっていたのですか?」すると老師は「私はあなたと一緒に坐禅をしていたのです」と言いました。

そんなふうに、受容的に、オープンに、そして優しい配慮を持って触れられることはきわめて稀です。ほとんどの接触《タッチ》は「あっちに行け」「ここに来い」「背骨をしゃんと伸ばせ」「落ち着け」と言っています。しかし、鈴木老師のこの接触は「あなたがどこにいようと、私はここであなたと一緒にいますよ」と言っていました。それが老師の坐禅の精神であり、また教えの精神でした。「あらゆるものと共に坐る。あらゆるものと一つになる」。数えきれないくらい多くの人々が、鈴木老師の存在感、鈴木老師の教えに触れられました。そして私たち一人一人がそれぞれの仕方で、彼の優しくかつ公正な配慮、私たちと共にしている彼の坐禅に反応したのです。

また別の機会のことですが、私は坐禅中に意思と無関係に自発的に出てくる動きの問題に何か月にもわたって苦労したあげく、とうとう「ものごとを支配する」ことによってその動きを止めようとするのではなく、「動きに同調していこう」と心に決めました。私は、脊椎《せきつい》の基底部からエネルギーがらせんを描いて上に上がっていくのを感じつつ、坐禅中のほとんどを、体をいろいろな仕方でぐるぐる回しながら坐りました。あと十分ほどで坐禅が終わるというころ、鈴木老師が私の耳元で「経行《きんひん》をしなさい」とささやきました。私は他のみんなが坐っているのに自分だけ歩く坐禅（経行）をするようにと鈴木老師が言ったことにムッとして、「なんですって?!」とささやき返しました。すると老師はまた、ただ「経行しなさい」とだけ言いました。私は立ち上がって、残りの時間、ある程度落ち着いた状態で経行をしました。

後になって、老師のところへ話をしに行きました。それ以前には鈴木老師から坐禅中に経行をするようにと言われたことはなかったので、「動きに同調していく」というのはたぶん良くないことなのかもしれないと思ったのです。私は老師に次のようなことを言いました。自分はもうあの自発的な動きを止めようとはしていないこと。それに同調していくことで、動きについて何かを見出すことができるかどうかを見てみることにしたこと。しかしあの朝、それを初めて試みていたとき、老師に経行するようにと言われたこと。動きについて何かを見出そうとするのがいいのか？　それとも前にやっていたように動きを止めようとすることにもどったほうがいいのか？　老師は答えてくれました。「ああ、動きについて何が発見できるかを見てみようというのは、とてもいい考えです。あなたがそういうことをしているとは知らなかったのです。それはまったくさしつかえないですよ」と。安堵の洪水が私の中を流れていきました。そして、「自分はこれをすることができる。それが何なのかを見つけ出そう」と思ったのです。

自分の道をどう見出していくか、鈴木老師の教えをどのくらい広く探究するか、彼の断固とした態度、情熱の激しさ、献身、優しさ、叡智《えいち》、そしてユーモアとどう出会うか、それは読者のみなさん次第です。私たちが鈴木老師とその教えについて何を語ろうと、それは結局自分自身について語っているのだということをときどき思い起こすことができます。私たちはみんな、悟りを修行する、あるいは修行を悟るための無数の日常的機会とともに、非凡な人生を生きている非凡な人間なのです。そして「最も重要なこと (the most important thing)」を忘れないようにしましょう。「最も重要なこと」というのは鈴木老師がしばしば使われたフレーズです。私たちは何がそのフレーズの後に来るのか決して事前にはわかりませんでしたから、私たちの注意はそこにひきつけられ、みんな姿勢を正して注目せざるを得なかったのです。今私の心に浮かんでくるのは「最も重要なことは——、ものごとに欺かれることなく、自分の人生を愉しむことだ」という鈴木老師の言葉です。

生きとし生けるすべてのものが幸せで、健康で、苦しみから自由でありますように。

生きとし生けるすべてのものが平和と調和のなかで生きられますように。

寿山海寧(エドワード・エスプ・ブラウン)

フェアファックス・カリフォルニア州

二〇〇一年五月

【禅的修行入門—誰でもあらゆるものから自由になれる秘訣—目次】

序文　寿山海寧《じゅさんかいねい》（エドワード・エスプ・ブラウン）　Introduction　1

第1部　只管打坐：一瞬一瞬を十全に生き切ること

PART ONE: *Shikantaza: Living Fully in Each Moment*

1　心の平静さ　Calmness of Mind　18
2　自分自身を全面的に表現しなさい　Express Yourself Fully　23
3　あらゆるものからの自由　Freedom from Everything　29
4　百フィートの高さの柱から飛び降りる(百尺竿頭進一歩)　Jumping off the 100-Foot Pole　36
5　自分のカルマ〔業〕を変えること　Changing Our Karma　44
6　人生を愉しみなさい　Enjoy Your Life　51
7　象のように歩く　Walk like an Elephant　58

第2部　空からの手紙

PART TWO: Letters from Emptiness

8　空からの手紙　Letters from Emptiness　64
9　玄米がちょうどいい　Brown Rice is Just Right　72
10　トイレに行くという禅　The Zen of Going to the Rest Room　75
11　土を手入れすること　Caring for the Soil　83
12　日常生活は映画のようなもの　Everyday Life is like a Movie　86
13　大いなる心を回復すること　Resuming Big Mind　92
14　普通の心、仏の心　Ordinary Mind, Buddha Mind　99

第3部 禅を修行する

PART THREE: Practicing Zen

15 内側から支えられて Supported from Within 106
16 直観を開きなさい Open Your Intuition 112
17 自分で見つけなさい Find Out for Yourself 116
18 自分に優しくありなさい Be Kind with Yourself 123
19 ものへの敬意 Respect for Things 128
20 戒律を守る Observing the Precepts 134
21 純粋な絹、鋭い鉄 Pure Silk, Sharp Iron 140

第4部 必ずしもそうであるとは限らない

PART FOUR:Not Always So

22 必ずしもそうであるとは限らない Not Always So 148
23 リアリティの直接的経験 Direct Experience of Reality 155
24 ほんとうの集注 True Concentration 162
25 どこへ行ったとしても、私は自分自身に出会う Wherever I Go, I Meet Myself 169
26 あらゆるもののボス The Boss of Everything 175
27 誠実な修行 Sincere Practice 182
28 あらゆるものと一つ One with Everything 189

第5部 どこにいてもそこに悟りがある

PART FIVE: Wherever You Are, Enlightenment is There

29 どこにいてもそこに悟りがある Wherever You Are, Enlightenment is There 198
30 悟りにこだわらないこと Not Sticking to Enlightenment 204
31 自分だけのための教え The Teaching Just for You 209
32 地面によって立ち上がる Stand Up by the Ground 216
33 ちょうどいい分量の問題 Just Enough Problems 223
34 日面仏、月面仏 Sun-Faced Buddha, Moon-Faced Buddha 229
35 蛙のように坐る Sitting like a Frog 236
講話を編集するにあたっての覚書 Notes about Editing the Lectures 241
参考文献 Further Reading 246

謝辞　Acknowledgments　寿山海寧（エドワード・エスプ・ブラウン）　247
訳者あとがき　250

本書は『禅マインド・ビギナーズ　マインド2』（サンガ／絶版）の訳を見直し、邦題を改めて刊行するものです。

カバーデザイン◎三瓶可南子
帯写真◎ロイター／アフロ
校正◎㈱みね工房
組版◎㈱キャップス

第1部

只管打坐：一瞬一瞬を十全に生き切ること

PART ONE
Shikantaza: Living Fully in Each Moment

何ものも期待しないとき、私たちは自分自身であることができます。それが私たちの道であり、一瞬一瞬を十全に生き切るということです。

"When we do not expect anything we can be ourselves. That is our way, to live fully in each moment of time."

1　心の平静さ

Calmness of Mind

心の平静さは吐く息が終わったその向こうにあります。ですから、息を吐こうとすることさらな努力をしないで、ただ滑らかに息を吐いていくなら、みなさんは完全で完璧な心の平静さの中に入りつつあるのです。

Calmness of mind is beyond the end of your exhalation, so if you exhale smoothly, without trying to exhale, you are entering into the complete perfect calmness of your mind.

只管打坐、つまり私たちのやっている坐禅とは、自分自身であるということ、ただそれだけです。いかなることも期待しないでいるとき、私たちは自分自身であることができます。それが私たちの道であり、一瞬一瞬を十全に生き切るということです。この修行は永遠に続いていきます。

私たちは「一瞬一瞬」と言います。しかし、実際の修行においては、「瞬間」というのではまだ長すぎます。その「瞬間」に心はもうすでに次の息に随《したが》うことに関わっているからです。だから「指を一回弾く間に何百万もの瞬間がある」と言うのです。このように、私たちは時の一つ一つの瞬間に存在しているという感覚を強調します。そのとき、心はとても静かになります。

毎日一定の時間を割いて、只管打坐で坐るよう努力してください。動くことなく、何一つ期待しないで、あたかも人生最後の瞬間にいるかのようにして。一瞬一瞬に、自分の最後の瞬間を感じるのです。それぞれの吸う息、吐く息のなかに数えきれないほどの瞬間があります。みなさんの意図はその一つ一つの瞬間に生きるということにあります。

まず、滑らかに吐くことを練習します。それから吸います。心の平静さは吐く息が終わったその向こうにあります。ですから、息を吐こうとすることさらな努力をしないで、ただ滑らかに息を吐いていくなら、みなさんは完全で完璧な心の平静さの中に入りつつあるのです。みなさんはもはやそこに存在していません。このように息を吐くとき、吸う息は自然にそこから始まります。外側から内側へとすべてのものをもたらす新鮮な血液が、体の中に行きわたります。みなさんはすっかりリフレッシュされます。そしてまた息を吐きはじめ、あの新鮮な感覚を空(emptiness)の中へと拡張していきます。こうして一瞬一瞬、何かをことさらに為《な》そうと一切努力することなく、只管打坐を継続していくのです。

脚を組んで坐っているとき、脚の痛みのせいで完璧な只管打坐をすることが難しいかもしれません。しかし、たとえ脚が痛くても、只管打坐はできます。たとえ修行があまりうまくできなくても、只管打坐はできます。息が徐々に消えていきます。みなさんも、空の中に見えなくなっていき、徐々に消えていきます。努力することなしに息を吸い、みなさんは一定の色と形を供えた自分自身へと自然にもどっていきます。息を吐き、徐々に空――何も書かれていない白い紙――の中へと見えなくなっていきます。これが只管打坐です。大事なのは吐く息です。息を吸うときは自分自身を感じようと努力せず、吐く息とともに空の中に消えていきなさい。

人生最後の瞬間にこれを行じれば、恐れるものは何もありません。みなさんは実際に空をめざしています。このような感覚を持って完全に息を吐き切った後、すべてのものと一つになります。もしみなさんがまだ生きているなら、再び自然に息を吸うことでしょう。「おお、私はまだ生きている！　幸か不幸か！」そして、息を吐き、空の中へと消えていきます。たぶん、それがどんな感じなのかがわからない人もきっといることでしょう。またそれがわかっている人もいるでしょう。そういう人はこれまでにたまたまそういう感じを味わったことがあるに違いありません。

この修行をすると、やすやすとは怒れなくなります。吐く息よりも吸う息に興味がある人は、いとも簡単に怒ることができます。みなさんは何とか生きていようといつも努力しています。先日、私の友人が心臓発作を起こしました。彼にできたのは息を吐くことだけでした。息を吸うことはできませんでした。「それはそれは恐ろしかったよ」と彼は言っていました。そのとき、もし彼が私たちがやっているように、空をめざして息を吐く修行をすることができたら、それほどひどい思いをしなくてすんだことでしょう。私たちにとっての大きな喜びは息を吸うことよりも、息を吐くことのほうにあります。私の友人は息を吸おうとする努力を続けていたとき、もう息を吸うことはできないと思いました。もし彼が滑らかにそして完全に息を吐くことができたなら、次の吸う息はもっとたやすくやってきたでしょう。

丁寧に息を吐くことはとても大切です。死ぬことは生き続けようとすることよりももっと重要です。生き続けようと常に努力しているときにはトラブルがつきものです。生き続けようとしたり、あるいは活動的であろうと努力するよりも、平静に死ぬことができるなら、あるいは空の中に消え去っていくことができるなら、自ずと私たちにはなんの問題もなくなります。仏が私たちの面倒を見てくれます。私たちは自分の母親の懐を喪失してしまったので、もはや自分がその母親の子供であるようには感じません。しかし、空の中に消え去っていくことは、母親の懐にいるように感じられます。そして、母親が自分の面倒を見てくれているかのように感じるでしょう。一瞬一瞬、この只管打坐の修行を失わないようにしてください。

さまざまな種類の宗教的修行がこの要点には含まれています。人々が「南無阿弥陀仏、南無阿弥陀仏」と唱えるとき、彼らは阿弥陀仏の子供になりたいと願っています。だからこそ彼らは阿弥陀仏の名前を繰り返すという修行をするのです。私たちの坐禅修行もそれと同じです。

もし、私たちが只管打坐の修行の仕方をわきまえているなら、そして彼らが阿弥陀仏の名前の唱え方をわきまえているなら、念仏も坐禅も何も違いはありません。

だから、私たちには喜びがあり、自由があります。空の中に消え去っていく覚悟がすでにできているのですから、自分自身を遠慮なく表現することができます。活動的で特別な人間になって、何かを成し遂げようとして努力しているときは、自分自身を表現することなどできません。小さな自分（small self）は表現されるでしょうが、大いなる自己（big self）は空から現れてはこないでしょう。大いなる自己は空からしか現れません。それが只管打坐です。いいですか？　みなさんが本気で努力すれば、それは難しいことではありません。

どうもありがとう。

2　自分自身を全面的に表現しなさい

Express Yourself Fully

自分自身を表現するのにいちばんいいのは、自分がやりたいと思うことを、何でも勝手にやること、自分が喜ぶような仕方で気ままにやることだと考えるのは、大きな間違いです。それでは自分自身を表現していることにはなりません。何をすべきかが正確にわかっているなら、それを行い、自分自身を全面的に表現することができます。

It is a big mistake to think that the best way to express yourself is to do whatever you want, acting however you please. This is not expressing yourself. If you know what to do exactly, and you do it, then you can express yourself fully.

どの瞬間においても、何の期待をもつことなく、完全に生きるということができているときは、時間の観念はありません。時間の観念——今日、明日、あるいは来年——に巻き込まれているときには、利己的な修行が始まります。さまざまな欲望がいたずらをするかのように動きはじめます。自分はどうしても得度してもらわなければならないと考えたり、次に踏みだすべき一歩は何なのだろうと心配したりします。誰か別の人間になろうとして、自分の修行を見失い自分の徳を失います。自分の地位や仕事に対して誠実であれば、みなさんのほんとうの存在がそこにあります。これは大変重要なポイントです。

時間の観念をまったく持たなくても、修行はどこまでも前に進んでいきます。一瞬一瞬、みなさんはみなさん自身になっていきます。このような修行は容易ではありません。坐禅を一回する間ですらそれを継続できないかもしれません。大いに努力をしなければならないでしょう。そうすればそういう感じを一瞬また一瞬と延長していくことができます。最終的にはそれはみなさんの日常生活にまで広がっていくのです。

修行を広げていく道とは、他の誰かになろうとしないで、自分自身をありのままに開示していくということです。自分自身に対してとても正直であり、充分な勇気を持っているとき、みなさんは自分を完全に表現することができます。人々がどう思おうとかまいません。ただ自分自身であるのです、少なくとも自分の師に対しては。それが実際の修行であり、みなさんの実際の人生なのです。自分の師を信じていなければ、それはかなり難しいことです。しかし、自分の師の精神《スピリット》が自分自身の精神と同じであるということを見出すなら、充分な勇気を持ってこのような仕方で修行を続けることができます。

師と言い争いをしなければならないときもあります。それはかまいません。しかし、師を理解しようという努力はしなければなりません。あるいは、自分が間違っていたり、愚かにも一つの見解に固執していたと気がついたり、何かの言い訳をしようとしているときには、自分の議論を引っ込める覚悟も必要です。それが自分自身に対して正直であるということです。そうすれば、「わかりました。降参します。すみませんでした」と自分を明け渡すことができるのです。

みなさんとみなさんの師は、二人の間で全面的な意思疎通をはかることをめざしています。師にとって大事なことは、いつでも弟子に降参する準備ができているということです。師は自分のほうが間違っていることがわかったときには、「ああ、あなたのほうが正しい。私は間違っていた」と言うことができます。師がそのような精神を持っていたなら、みなさんも、たとえそれが容易ではないときでも、自分の過ちを認める勇気を与えられるでしょう。このような修行を継続すれば、人々は「あなたはどうかしている。どこかおかしいんじゃないか」と言うかもしれません。ですが、それはどうでもよいことです。

私たちは同じではありません。一人一人が異なっています。そしてそれぞれが固有の問題を持っています。幸いなことに、みなさんには一緒に修行している他の人たちからのサポートがあります。それはみなさんを守る日陰を提供してくれる傘のようなものではなく、真実の修行が行えるような空間、みなさん自身を完全に表現することができる空間なのです。自分の眼を開いて他の人々の修行をよく理解することができます。そして言葉を使わなくてもお互いに意思疎通ができることに気がつくでしょう。

私たちの道は他者を批判することではなく、他者を知り理解することです。時には誰かのことをあまりにもよく知りすぎたと感じ、そして自分の小さな心（small mind）のせいで、その人の真価を認めることが難しいこともあるでしょう。一緒に修行を続けるなら、そしてみなさんの心が自分を開示することができ、他者を受容できるくらい大きくなれば、自ずと良い友人になることができるでしょう。友人を知るということは自分を超えた何か、友人をも超えた何かを知ることなのです。

みなさんが坐禅をしているとき、誰もみなさんの修行のことはわからないと思うかもしれませんが、私にとってはそのときがみなさんを理解するにはいちばんいい機会なのです。みなさんが壁に向かって坐り、私が後ろからそれを見ているとき、みなさんがどのような修行をしているかを理解することがとても容易になります。時にはみなさんをよく見ることができるように、坐禅堂の中をぐるりと回ることがあります。それは大変興味深いことです。踊ったり、話したり、騒がしくしていたなら、みなさんを理解することはなかなか難しいでしょう。しかし、一緒に坐っているとき、みなさんは一人一人それぞれのやり方で坐っています。

自分自身を表現するのにいちばんいいのは、自分がやりたいと思うことを何でも勝手にやること、自分が喜ぶような仕方で気ままにやることだと考えるのは、大きな間違いです。それでは自分自身を表現していることにはなりません。自分を表現するのにいろいろなやり方ができるときには、何をすべきかについて確信がもてないので、どうしても振る舞いが皮相的なものになります。何をすべきかが正確にわかっていると、それを行って、自分を全面的に表現することができます。

私たちが型に従うのはそういう理由からです。特定の型の中では自分を表現することはできないと思うかもしれませんが、私たちがみんなで一緒に修行しているとき、力強い人たちは力強い仕方で自分を表現しているし、親切な人は親切な仕方で自分を表現しています。法要中に経本を列にそって手渡していくとき、一人一人がそれぞれのやり方でそれを行っています。型が同じだからこそ、みなさんのあいだの違いを見分けやすいのです。同じことを何度も何度も繰り返すからこそ、最後には仲間のやり方を理解することができます。眼を閉じていたとしても、「ああ、あれは誰それだな」ということがわかるのです。これが規則と決まったやり方が持っている強みなのです。

このような修行がなければ、みなさんの人との関係はとても浅はかなものになるでしょう。誰かが美しい法衣を着ていたら（ここで鈴木老師は自分の法衣をさすって笑う）、みなさんはきっとその人は優れた僧侶に違いないと思うでしょう。もし誰かがみなさんに美しい贈り物をくれたら、みなさんはその人のことをとても親切な人だとか、素晴らしい人だと思うでしょう。こういう理解は好ましいものではありません。

ほとんどの場合、私たちの社会はうわべだけの、軽薄な仕方で動いています。それを支配している力はお金か有力者です。私たちの眼も耳も、ものを見たり聞いたりするのに充分なほどオープンでもなければ繊細でもありません。禅センターにやってくるほとんどの人はここが奇妙な場所であるように感じます。「ここの連中はあんまり話をしない。笑いもしない。彼らはいったい何をやっているんだろう？」。大きな騒音に慣れた人は気がつかないかもしれませんが、私たちはあまり話をしなくてもお互いの意思疎通が取れているのです。いつでもにこにこ笑っているわけではありませんが、私たちは他の人たちが感じるものをちゃんと感じています。私たちの心はいつでも開いていて、自分自身を全面的に表現しているのです。

私たちはこの修行を都市的な生活にまで拡張していくことができるし、お互いに良い友達になることができます。みなさんが自分自身に正直であり、何ものも期待することなく自分を全面的に表現しようと決意するなら、それは難しいことではありません。ただ自分自身であること、そして他者を理解する準備ができていること、そうやって修行を日常生活へと拡張していくのです。

私たちはこれから起こることをあらかじめ知ることができません。一瞬一瞬に自分自身を全面的に表現することができなければ、後になってそれを後悔するでしょう。何か将来を期待するせいで、せっかくの機会を見逃し、友達に誤解されるのです。自分を全面的に表現することを、手をこまねいて待っていてはいけません。

どうもありがとう。

3　あらゆるものからの自由

Freedom from Everything

只管打坐がいかなるものであるかを実際に経験しつつ坐ることができているとき、みなさんの日常生活の意味は完全に異なったものになります。あらゆるものから自由になることができます。

When you are able to sit, experiencing what is shikantaza, then the meaning of your everyday life will be completely different. You will have freedom from everything.

二年ほど前にほとんど溺れそうな目にあった後、私の只管打坐、坐禅の修行は変わりました。そのとき私はタサハラの小川を渡ろうとしていました。実は私は泳げないのですが、弟子たちが川遊びを愉しんでいるので、それに加わりたかったのです。たくさんの美しい女性たちがいたので、自分が泳げないことを忘れて、そこまで行こうとしました。そして溺れかけたのです。

しかし、それで自分が死ぬことはないだろうということがわかっていました。

そこにはたくさんの弟子たちがいましたし、誰かがきっと助けてくれるだろう、自分は溺れたりはしないだろうとわかっていました。それでそれほど真剣にはなっていなかったのです。しかし、その気分はひどいものでした。水をたくさん飲みましたし、誰かが私の手を取ってくれることを願って腕を差し出したのに、誰も助けてはくれません。そこで私は水の底まで沈んで、川底を歩こうと心に決めましたが、それもできないのです。川底に足をつけることもできず、水面に出ることもできません。私に見えていたのは美しい女性たちの脚でした。しかし、その脚につかまることもできません。私はかなり怖くなってきました。

そのとき、私たちはほんとうの意味で真剣になるまでは、ちゃんとした修行をしないものだということを知ったのです。自分が死にかけてはいないということがわかっていたので、あのときの私はそれほど真剣ではありませんでした。真剣でなかったせいで大変な目にあったのです。もし自分が死にかけていると知ったら、もはやあがいたりはしなかったでしょう。じっとしていたでしょう。自分には次の瞬間があるはずだと思っていたので、私は真剣にならなかったのです。あのとき以来、私の修行は向上しました。今では私は自分の修行に自信を持っています。だからこそ、私がどのように只管打坐をしているかということをみなさんに話してきたのです。

あれは実に興味深い経験でした。美しい女性たちの中にいて、彼女たちの誰も私を助けることができませんでした。そして、ご存じのように、水のせいではなく、病気のせいで、今私は死にかけています。私が死にかけているときには、美しい女性だけでなくいろいろな悪魔たちも喜んで私と一緒にいてくれるでしょう。私も彼らと一緒にいることをとてもうれしく思うでしょう。あらゆることが私たちと一緒に存在しています。そして動揺することなく、すべてのものと一緒に在ることを喜びます。通常の場合は、何かを得ようという考えに夢中になっていたり、将来何かが良くなることを期待していたりするせいで、そのように感じることが難しいのです。

　自分には次の瞬間があると考えていないとき、自然とものごとをありのままに受け入れることができ、ものごとをありのままに見ることができます。そのとき完全な智慧《ちえ》が得られるでしょう。只管打坐がいかなるものであるかを経験しつつ坐ることができているとき、みなさんの日常生活の意味は完全に異なったものになります。あらゆるものから自由になることができます。それが大事な点です。いつもは、みなさんは自分が持っているものや見ているものから自由ではありません。しかし、只管打坐を経験しているときには、ものから自由になることができます。何ものにも執着していないので、ほんとうの意味で人生を愉しむことができます。

　みなさんはほんとうの意味で幸せになれるし、その幸せはずっと続いていきます。それが私たちの言う「無執着（non-attachment）」という言葉が意味することです。みなさんが持っている幸せのほとんどは、後にそれを失って後悔するような、そういう幸せです。「ああ、あのとき私は確かに幸せだった。しかし今は幸せではない」しかしほんとうの幸せはいつでもみなさんとともにあって、困難なときも幸福なときも同じようにみなさんを力づけてくれます。何かが成功したとき、みなさんはその成功を愉しみます。失敗しても、それはそれでいいのです。失敗の感じを愉しむことができます。「ああ、これはなかなかいい——思っていたほど悪くはない」。みなさんはいつでも満ち足りているでしょう。以前のようには、もう多くを求めないでしょう。

通り路などどこにもないように見えるネパールの巨大な山のような、大きな困難に出くわしても、それを通り抜けていく道がきっとあることをみなさんは知るでしょう。百日間の接心をやり通すことでさえ困難ではありません。たとえ死んだとしても、何も起きません。大丈夫です。だからいつでも幸せでいられるし、がっかりすることなど何もないのです。自分が選んだ人生は、異なったものになります。正しい修行を始める前、みなさんは何か大きくて美しいものを欲しがっていました。たとえば、アメリカで、いや世界でナンバーワンの禅修行の道場——日本にある道場よりももっといいものを欲しがっていました。しかし、後になれば、みなさんの選ぶもの、たどっていく生き方はそれとは違ったものになっていくでしょう。

私はかなり真面目《シリアス》な講義をすることがあります。困難で難儀な修行を強調します。「次の瞬間を期待してはいけない」「動いてはいけない！」とか。申し訳ありません。しかし、みなさんの修行があまりにも脆弱《ぜいじゃく》に見えるので、もっと強くなってもらいたいから、そういうことを言わなければならないのです。実際は、みなさんの修行がそれほど優れたものでないことは、別にかまわないのです。しかし、自分自身に対して充分厳格でないとしたら、自信を欠いているとしたら、坐禅が坐禅にならないのです。それでは坐禅がうまくいきません。修行をますます深いところへと進めていくのは、日々の坐禅の努力なのです。

中国や日本には突然に悟りを得た禅匠たちの物語がたくさんあります。たとえばこんなふうに。「ウン！」（鈴木老師は笑って指をぱちんと鳴らした）。みなさんはそれは突然に起こったと思うかもしれませんが、実は何年にもわたる修行と多くの失敗の成果なのです。このことに関して、道元禅師の有名な言葉があります。「的に当たるのはそれまでの九十九回のはずれの成果だ（今の一当は過去の百不当の力なり）」。最後の矢が的に当たります。しかし、それは九十九回的を外した後に初めて起こるのです。ですから実際のところ、失敗しても大丈夫なのです。

一回一回矢を射るたびに、そのつど自信を持って矢を放つのです。そのとき、みなさんは矢が的に当たることを確信しています。「九十九回失敗してもかまわない。的に当てる努力を続けるのだ」。坐禅をするときはいつも、ベストを尽くすのです。坐禅というのは四〇分間脚を組むことだと考えているかもしれませんが、最も重要なことは身体的にも、精神的にも、自分のすべての努力をそこに注ぎ込むことなのです。

自分の呼吸に集注しなさい。呼吸が適切でないときには、どんなことであれ身体を使ってする仕事が困難なものになります。縫い物をしているときでさえ、みなさんの呼吸はその行為に従ってなされていなければなりません。重いものを持ち上げるとき、呼吸は完全にそれと調和していなければなりません。さもなければ、それを持ち上げることはできません。適切な呼吸をするのはそれほど容易なことではありません。そのためには、適切な姿勢と、適切な手印《ムドラー》(儀式的な手の形)が必要です。手印は心の状態を象徴しているからです。脊椎がまっすぐでなければ、充分に深い呼吸にはなりません。もちろん、精神的、身体的な努力のすべてを発達させるには時間がかかります。

みなさんの心と体が完全に一致するまで悟りはやってきません。自分が経験していることを受容できなければ、悟りを得たという感じをもつことはありません。言い換えれば、みなさんの心と体が完全に一つであるとき、悟りはそこにあります。何を聞いても、何を考えても、それが悟りなのです。その人を悟らせるのは、石が竹に当たる音でもなく、梅の花の色でもありません。その人の修行です。日常生活において、悟りの機会はいつでもあります。トイレに行くとき、悟りを得るチャンスがあります。料理をするとき、悟りを得るチャンスがあります。床掃除をしているとき、悟りを得るチャンスがあります。

だから何をしていても、誰かが手助けしてくれるなどと期待せず、ただそれをするのです。自分が逃げ込むための避難場所を探すことで自分の努力を台無しにしてはいけません。自分自身を守り、空《そら》へ向かってまっすぐに育っていきなさい。それがすべてです。確かにそれがすべてなのですが、それは少々尋常ではないことです、そうでしょう？　私たちは正気でないのかもしれません。私たちのことを正気でない連中だと思う人がいるかもしれません。私たちは彼らのほうが正気でないと思うかもしれません。それでいいのです。誰が正気でないのか、まもなくわかるでしょう。

どうもありがとう。

4　百フィートの高さの柱から飛び降りる（百尺竿頭進一歩）

Jumping off the 100-Foot Pole

だから秘訣はただ「はい！」と言ってここから飛び降りることです。それで問題は何もありません。それは自分自身であること、古い自分にしがみつくことなく、いつでも自分自身であることを意味しています。

So the secret is just to say "Yes!" and jump off from here. Then there is no problem. It means to be yourself, always yourself, without sticking to an old self.

私たちにはもうすでに仏性があるのに、なぜ禅を修行するのでしょうか？　これは、道元禅師が中国へ渡り天童如浄《てんどうにょじょう》禅師に会う前に取り組んでいた大きな問いです。これは容易ではない問題ですが、そもそも誰にでも仏性があると言うとき、それはいったい何を意味しているのでしょうか？

仏性は私たちの内部にある生得的な何かであり、その仏性という性質が原因となって、私たちはなんらかの行為をするのだというのが、通常の理解です。もし植物が存在するなら、その植物が現れる前に存在する種子があるはずです。その種子のもつ性質に従って、植物は赤い花になったり黄色の花になったりします。ほとんどの人はそのように理解しています。しかし、それは道元禅師の理解とは違います。そのような性質はみなさんの心の中にある観念でしかありません。

私たちにはすでに仏性があるのになぜ修行するのでしょうか？　仏性が現れるのは、私たちが修行をして、その結果いろいろな利己的欲望を取り除いた後だと考えるかもしれません。

道元禅師によれば、そのように理解するのはものごとを不明瞭にしか観察できていないからです。何かが現れたときにだけ、そのものの仏性がそこにある、というのが道元禅師の理解です。仏性とものごと自体というのは、一つのリアリティ（真実）についた二つの名前です。あるときは仏性と言います。あるときは悟り、あるいは菩提《ぼだい》、仏、あるいは達成（attainment）と言います。仏性をこれらの名で呼ぶだけでなく、時には「煩悩（evil desires）」とも呼びます。私たちは煩悩といいますが、仏にとってはそれは仏性なのです。

それと同じように、在家者と出家者は根本的に違うと考えている人がいるかもしれませんが、ほんとうのところは出家者という特定の人間がいるのではありません。みなさんの一人一人が出家者であり、私が在家者であることだってあり得るのです。私は法衣《ほうえ》を着ているから出家者であり、出家者のように振る舞う、それだけのことです。出家者を在家者から区別するような固有の性質など実はありません。

それをどんな呼び方で呼ぼうと、一つのリアリティの別名でしかありません。それを山と呼ぼうが、川と呼ぼうが、それも一つのリアリティの別名です。このことがわかったとき、「性《しょう》 nature」「果 result」「仏地 Buddhafood〔仏としての境地〕」といった言葉に欺かれないようになります。明晰な心でものごとそのものを見ることができるのです。私たちは仏性をこのような仕方で理解しています。

「煩悩」というのは仏性の別名です。坐禅を修行しているとき、煩悩はどこからやってくるのでしょう？　坐禅においては煩悩の存在する余地はありません。それでも、煩悩はやはり取り除かれなければならないと信じているかもしれません。なぜでしょうか？　自分の仏性を開示するために煩悩を取り除きたいと思うでしょう。しかし、取り除いた煩悩をどこへ投げ捨てるのですか？　煩悩というのは投げ捨てられるような何かだと考えるなら、それは仏教的な考えではありません。煩悩というのは私たちが使う単なる名称にすぎません。それだけを他から切り離して投げ捨てられるようなものなど、実際にはどこにも存在しないのです。

こんなことを言っていると、私がみなさんを煙《けむ》に巻いているように感じるかもしれませんが、そうではありません。これは笑い事ではありません。話がここまで来たら、只管打坐の修行がどのようなものかを理解してもらわなければなりません。

『従容録《しょうようろく》』〔第七九則〕のなかに、百フィート〔約三〇・四八メートル〕の高さの竿の先端まで登った男についての有名な公案があります。もし彼が竿の先にずっととどまっているなら、彼は悟った人間とは言えません。竿の先から飛び降りたなら、彼は悟った人間かもしれません。この公案をどう理解するかは、私たちのしている修行をどう理解するかということに関わっています。煩悩は外に投げ捨てられなければならないと思うのは、私たちが竿の先端にとどまっているからです。そして私たちはそのせいで問題を抱えることになります。実際のところ竿の先端などというものはありません。竿はどこまでも続き、そこで止まることなどできないのです。しかし、悟ったというなんらかの体験をするとそこに腰を落ち着け、竿の先端からいろいろな眺めを見おろすことができると思ってしまいます。

ものごとは絶えず成長するか、別なものへと変化していきます。それ固有の形や色のままにずっと存在し続けるようなものは何一つありません。「ここに竿の先端がある」と思ったとき、飛び降りるか、飛び降りないかという問題を抱えることになります。しかし、そこから飛び降りることは実はできないのです。それはもうすでに誤った理解です。それは不可能なことなのです。竿の先端でとどまろうとしたところで、竿が絶えず伸びているので、そこにとどまることはできません。

それこそが問題なのです。だから竿の先端にとどまるなどということは一切忘れなさい。竿の先端のことを忘れるということは、みなさんが今この瞬間の場所に存在するということです。こんなふうに存在するとか、あんなふうに存在するとかではなく、また過去に存在するとか未来に存在するとかでもなく、まさにここに存在する。このことが理解できますか？　それが只管打坐です。

この瞬間を忘れて、次の瞬間へと成長しなさい。それが唯一の道です。たとえば、朝食の準備ができたとき、妻が木製の拍子木を叩いて私にそれを知らせてくれます。もし私が返事をしなければ、妻は私が怒り出すまでそれを叩き続けるでしょう。この問題はきわめて簡単です――それは私が返事をしないからこそ問題になるのです。もし私が「はい！」とさえ言えば、そこに何も問題はありません。私が「はい！」と言わないから、私が合図を聞いたのか聞かなかったのかわからないので、妻は私を呼び続けるのです。

ときには妻は「あの人は合図を知っているのに、わざと返事をしないのだ」と思うかもしれません。私が返事をしないとき、私は竿の先端にいるのです。私は飛び降りません。竿の先端でするべき何か重要なことがあると思い込んでいます。「妻は私を呼ぶべきではない。彼女のほうが私を待っているべきだ」あるいは「今やっているこのことはとても重要だ！　私はここ、竿の先端にいる！　あいつには、それがわからないのだろうか？」と思うかもしれません。そうすると妻は拍子木を鳴らし続けます。私たちはこうやって問題を作りだしてしまうのです。

だから秘訣はただ「はい！」と言って、ここから飛び降りることです。それで問題は何もありません。それは自分自身であること、古い自分にしがみつくことなく、いつでも自分自身であることを意味しています。自分に関する一切のことを忘れ去って、新たな自分になるのです。

真新しい自分になって、その自分が古い自分になってしまう前に、「はい！」と言って朝食をいただきに台所へと歩いていくのです。だから瞬間瞬間において肝心なことは、その肝心なことを忘れて修行を拡張していくことです。

道元禅師が言うように、「仏教を学ぶというのは自己を学ぶということだ。自己を学ぶということは瞬間、瞬間に自己を忘れることだ。〔『正法眼蔵《しょうぼうげんぞう》　現成公案《げんじょうこうあん》』仏道をならふといふは、自己をならふなり。自己をならふといふは自己をわするるなり〕」なのです。そうすればあらゆるもの〔万法〕がやって来てみなさんを助けてくれます。あらゆるものがみなさんの悟りを確証してくれるでしょう〔万法すすみて自己を修証する〕。私が「はい！」と言うとき、妻が私の悟りを請け合ってくれます。「まあ、いい子ね！」。しかし、私がこの「自分はいい子だ」ということに固執してしまうと、また別な問題を作ってしまいます。

だから瞬間瞬間に、ただ集注して、ほんとうに自分自身でいなさい。この瞬間、どこに仏性があるのでしょうか？　仏性はみなさんが「はい！」というときにあります。その「はい！」は仏性そのものです。自分の中にすでにあると思っているような仏性は仏性ではありません。みなさんがみなさん自身になっているとき、あるいは自分自身のことを一切忘れて「はい！」と言うとき、それが仏性です。

仏性は将来において現れるような何かではなく、すでにここに存在している何かでもありません。仏性についての観念だけを持っているなら、それはなんの意味もないことです。絵に描いた餅は、実物ではありません。本物の餅を見たいのなら、それがそこにあるときに見なければなりません。ですから私たちがしている修行の目的は自分自身であること、ただそれだけです。みなさんが自分自身になっているとき、みなさんはほんとうの悟りに達しています。以前に得たことにしがみつこうとするなら、それはほんとうの悟りではありません。

間違った修行をしてしまって、自分自身のことを笑ってしまうようなときがあるでしょう。「ああ、自分は何をやっているんだろう?」。修行がどのように進歩したり、後退したりするのかを理解するなら、修行を愉しむことができます。ほんとうの慈悲、ほんとうの励ましや真の勇気はここから生まれてきます。みなさんはとても優しい人間になっていくでしょう。

私たちは「一つの修行があらゆることに及んでいる」と言います。それは修行が、海の波のようにたくさんの徳を含んでいるという意味です。このような仕方で修行するなら、みなさんは石、木、あるいは海のようになります。みなさんがあらゆるものに及ぶのです。継続的な修行〔行持〕が必要です。一服してはいけません。どのようにして継続するかと言えば、もの惜しみしない心、大きな心、柔らかな心をもつこと——何ものにもこだわらず柔軟であること——です。このようにして修行するところには、恐れなければならないようなものは何一つないし、無視すべきものも何一つありません。それが道の厳《きび》しさ(strictness)です。恐れることが何もないとき、私たちは泰然自若としています。

自分のしていることに完全に集注した状態でいること、それが純真(simplicity)ということとです。修行の美しさは、それをどこまでも拡張していくことができるというところにあります。私たちの道はとても簡単だとか、あるいは非常に困難だとか言うことはできません。それは少しも難しくはありません。誰にでもできますが、それを継続することはかなり難しいのです。そう思いませんか？

どうもありがとう。

5　自分のカルマ〔業〕を変えること

Changing Our Karma

最善のやり方は、カルマの厳密な規則をわきまえて間髪を入れずに自分のカルマに取り組むことです。

The best way is to know the strict rules of karma and to work on our karma immediately.

みなさんは、自分がいつも問題を作りだし続けているということに気がつかないで、大きな問題を抱えてしまったとき初めて真剣になります。そして、些細な問題に対しては、「なあに、こんなことは問題じゃない。簡単にやってのけられるさ」と思っています。自分の抱えている問題にどうやって対処するかさえわからないのにそう考えてしまうのです。

先日、立髪《たつがみ》（良泉《りょうせん》）老師がこういうことをおっしゃいました。「虎はねずみ一匹を捕まえるのにも全力を挙げる」。虎はどんな小さな動物でも無視したり、ないがしろにしたりはしません。虎がねずみを捕まえるやり方と牛を捕まえて食べるやり方は同じです。しかしたいていの場合、みなさんは、問題をたくさん抱えているにもかかわらず、些細なことだと軽く思って、そのことについて真剣に努力することが必要だとは考えません。

多くの国々が国際的な問題を扱うやり方もそれと同じです。「これはたいした問題ではない。国際条約を破らない限りは大丈夫だろう」。核兵器を使用さえしなければ、戦争ができる」。しかし、そういう小さな紛争が最後には大きな戦争になってしまいます。だから、みなさんが日常生活の中で抱えるいろいろな問題がたとえ小さなものであっても、それらを解決するすべを知らなければ、のちになって大きな困難を迎えることになります。これがカルマ〔業〕の法則です。カルマは些細なことから始まります。みなさんの悪いカルマを放っておくと、どんどん膨らんでいきます。

最近、私はブッダが道について説いている一節を読みました。「比丘《びく》たちよ、食物や飲み物を受け取っているときには、もろもろの欲望を抑制し、それを薬として受け入れなさい。自分の好き嫌いに基づいてそれを受け取ったり拒絶したりしないようにしなさい。自分の体を維持し、飢えや乾きを満たすだけにしなさい。蜂が蜜を集めるときに、花を味わうだけで、その色や香りを損なうことがないように、あなたたちもまた、人々の供養を自分が疲労困憊しないために必要なだけを受け取りなさい。多くの要求をもちすぎて、人々の心を損なうことがないようにしなさい。たとえばそれは、賢明な人が動物の体力の許容量をよく判断して、荷物を積みすぎて疲れさせないようにするようなものである」（『仏遺教経』の中の一節による。「汝等《なんじら》比丘、諸《もろもろ》の飲食《おんじき》を受けては、当《まさ》に薬を服するが如くすべし。好きに於いても、悪《あ》しきに於いても、増減を生ずること勿《なか》れ。趣《わずか》に身を支うることを得て以て飢渇を除け。蜂の華を採るに、但《ただ》其《そ》の味《あじわ》いのみを取って、色香を損せざるが如し。比丘も亦た爾《しか》なり。人の供養を受けて趣に自ら悩を除け、多く求めて其の善心を壊することを得ること無れ。譬《たと》えば智者の牛力の堪うる所の多少を籌量《ちゅうりょう》して、分に過ごして以て、其の力を竭《つく》さしめざるが如し」）

「もろもろの欲望を抑制し」というのは欲望が大きいとか小さい、あるいは多いとか少ないという問題のことではありません。この言葉が意図するところは欲望を超越するということです。わずかの欲望しかもたない（少欲）ということは、あまりにも多くの物へと私たちの集注力を分割させてしまわないということを意味しています。心を一つにして、真心を込めてものごとを為す――それがわずかの欲望をもつということです。

「食物や飲み物を受け取っているときには、それを薬として受け入れなさい」。これは、集注して、「自分」と「食物」といったような、いかなる二元論的な観念ももたないで、それを全身心を持って受け入れるということを意味しています。ですから、食べ物を「取る（take）」とは言わないで、食べ物を「受ける（receive）」「受け入れる（accept）」と言うのです。「取る」のはより二元論的です。「受け入れる」のはより完全な行為です。みなさんは、「受け入れる」より「取る」ほうがより完全な行為だと思うかもしれませんが、ブッダの教えによれば、食べ物を手で「つかむ（grasp）」あるいは手で「取る（take）」ことには、完全な受容が含まれていません。それは二元論的ですから、カルマを作ることになります。他の人もそれを手に取りたがっているので、自分もそれをつかみたいと思います。だから、それを素早くやらなくてはならない！　しかし、何かを受け取るときには、もうすでにみなさんはそれを持っています。「ほんとうにありがとうございます」と、大いなる感謝の念を持ってそれを受け入れるなら、それこそがブッダがもろもろの欲望を抑制するという真実の営みとして言いたかったことなのです。

「自分の好き嫌いに基づいてそれを受け取ったり拒絶したりしないようにしなさい」。ここでもまた、そういう自分の好き嫌いに基づいた仕方で受け入れたり拒絶したりするのは二元論的です。この教えは自分の欲望をコントロールすることを意味していません。自分の欲望をコントロールしたいと望むなら、自分の欲望や食べ物をどうやって制限するか、あれこれと悪戦苦闘することになります。そのようにして、次から次へとますます問題を作りだしていくのです。食べ物をもっとたくさんもらうためのうまい口実を見つけるかもしれません。そうなれば道を失います。

「自分の体を維持し、飢えや乾きを満たすだけにしなさい」。もし坐禅のやり方をわきまえているなら、どれだけの食べ物を取ればよいかもわきまえているでしょう。だからその場合は、食べすぎたり、食べなさすぎたりする恐れはありません。

「蜂が蜜を集めるときに、花を味わうだけで、その色や香りを損なうことがない」。これはとても有名なたとえ話です。花がきれいだからとか香りが素敵だからという理由で蜜を取るなら、花のほんとうの味わいを見逃します。自分自身と花とを大切にするなら、花を直接に感じ、その蜜を味わうことができます。私たちは注意深くないことがしばしばあります。美しい花を台無しにしてしまったり、特定の花にばかり固執したりします。固執の度が過ぎれば、花はついには死んでしまうでしょう。花が蜜を持っている目的は蜂を招きよせて、その植物を援《たす》けてもらうためです。だから、私たちは自分が蜂のようであるか、あるいはそれ以外の何かであるかということをわきまえていなければなりません。自分が作りだした困難に気がついているとき、私たちは自分の修行をさらに注意深く、日常生活全体へと拡張していくことができます。

私たちの心はもっと注意深く、油断なく、そして思慮深くなければなりません。みなさんは、私たちのやり方にはいろいろな物をどう扱うべきかについての規則が多すぎると思っているかもしれません。しかし、自分が何をしているかを知る以前に、たくさんの規則がありすぎるなどと言うことは不可能です。ですから、自分が日常生活の中に問題を作りだしていないかどうか、自分や他の人に対して悪いカルマを作っていないかどうかということに気づいているべきです。そしてなぜ自分が苦しんでいるのかということも知るべきです。みなさんが苦しんでいることにはちゃんとした理由があります。自分のカルマを変えなければ、苦しみから逃げることは不可能です。

カルマに従い、良い方向へとカルマを導いていくなら、カルマのもつ破壊的な性質を回避することができます。カルマの性質とみなさんの欲望と活動の性質に注意深くしていることで、それが可能になるのです。ブッダが指摘しているように、苦しみの原因を知ることは苦しみをどのようにして避けるべきかを知ることになります。もし、自分がなぜ苦しむのかを学ぶなら、原因とその結果を理解し、良くない行いは良くない結果を生むことがわかります。みなさんはそれを理解できたのですから、カルマの破壊的な力を防ぐことができます。

私たちが「自分（self）」という観念を持っている限り、カルマはそれが働きかける対象を持っています。ですからいちばんいい方法はカルマを空っぽの空間に対して働かせることです。もし私たちが自分という観念を持っていなかったら、カルマは何をしたらいいのかわかりません。――「あれー、俺の連れ合いはどこへ行ったんだ？　俺の友達はどこなんだ？」。カルマを払いのけようと躍起になる人がいます。しかし、そんなことはできないでしょう。最善のやり方は、カルマの厳格な規則をわきまえて間髪を入れずに自分のカルマに取り組むことです。

運転している車のどこかがおかしいと知ったら、すぐに車を止めて修理します。しかし、私たちはたいていそうはしません。「ああ、これは車にはたいした問題じゃない。まだなんとか動いているしな。さあ、行こうぜ」。これは私たちのやり方ではありません。たとえ運転を続けることができたとしても、充分に注意して車の手入れをするべきです。車を限界まで無理して使うなら、その車が抱えている問題は常に車に働きかけて、最後には止まってしまうでしょう。そうなればもう修理しようとしても手遅れかもしれません。そしてもっとたくさんのエネルギーを費やさなければならなくなります。

だから、毎日の手入れがとても重要なのです。そうすれば、間違った理解をとり除き、自分が実際に何をしているのかを知ることができます。

どうもありがとう。

6 人生を愉しみなさい

Enjoy Your Life

（註：この講話は一九六九年七月二〇日に行われた。アポロ一一号が月面着陸したその日である）

唯一つのやり方は自分の人生を愉しむことです。みなさんは坐禅を修行し、かたつむりのように自分の息を数えているけれども、おそらくは月へ旅をするよりももっと、人生を愉しむことができます。それこそが、坐禅を修行する理由です。みなさんがどんな種類の人生を生きているかということは、それほど重要なことではありません。最も重要なことは、ものごとにだまされないで人生を愉しむことができるということです。

The only way is to enjoy your life. Even though you are practicing zazen, counting your breath like a snail, you can enjoy your life, maybe much better than making a trip to the moon. That is why we practice zazen. The kind of life you have is not so important. The most important thing is to be able to enjoy your life without being fooled by things.

図書館に行けばたくさんの本があって、学ぶことなどほとんど不可能なくらい膨大な量の人間の知識について調べることができます。今、誰かが月に着陸しようとしています。実は、私は人がいったいどうやって月にまで行きつこうとしているのか、誰かがそこに到着したとき私たちにどんな感情が湧いてくるのか、まったくわかりません。私にとってそれはたいして興味のあることではありません。

月旅行について話したいのですが、勉強する時間がありませんでした。だから私が月旅行について語ったとしても、みなさんは「彼は何にも知らないいな」と思うかもしれません。今日か明日会う人たちは月旅行に関して、あたかも何でも知っているかのように語るかもしれません。彼らが月旅行について話すのを聞いて、彼らがほんとうはそんなに興味を持っていないらしいと感じるとしたら、そういう人々のことを私はあまり尊敬できないでしょう。

月に着陸する最初の人間は自分の成し遂げたことをとても誇りに思うでしょう。しかし、私は彼が偉大な英雄だとは思いません。みなさんがどう感じているかわかりませんが、私はそんなふうには感じません。テレビでは、彼は当分の間偉大な英雄でしょう。その成し遂げたことに対して英雄として扱われるでしょう。このことについて考えてみるなら、坐禅を修行することがどれほど重要であるかがすぐにわかります。私たちは、客観的な世界でなんらかの成功をおさめることを求めるのではなく、人生における日常的な瞬間をより深く経験しようと努めています。それが坐禅のめざすところだからです。

マリアン・ダービィがあるとき、砂を見せてくれました。彼女はそれを私に渡すとき、「これはとても興味深い石の集まりです」と言いました。それはただの砂のようでしたが、彼女はそれを虫眼鏡で見るようにと言いました。そうして見るとその小さな石の集まりは、私の書斎にある石たちと同じくらい興味深いものでした。書斎の石たちのほうがずっと大きいですが、虫眼鏡を通して見る砂はそれときわめてよく似ていました。

もし、「この石は月から来たものです」と言えば、みなさんはそれに大変興味をそそられるでしょう。実際のところ、私は地球にある石は月の石と、そんなに大きな違いはないと思っています。火星に行ったとしても、きっと同じような石を見つけるでしょう。それは確かなことだと思っています。ですから、興味深いことを見つけようと思うのなら、そんなふうに宇宙の中をピョンピョン跳ね回るのではなく、あらゆる瞬間において自分の人生を愉しみ、今自分が持っているものをよく観察し、自分が置かれている環境の中で誠実に生きてゆきなさい。

昨日、私は自然管理委員会が所有している島を訪ねました。たくさんの種類の動物、鳥、魚が生息しています。そこはとても興味深い場所でした。ああいう場所に住んで、いろいろなものを実際に見はじめ、そこにいる植物や動物を見たなら、一生そこにとどまりたいと思うことでしょう。そこはそれほど興味深い場所でした。しかし私たち人間はそこかしことピョンピョン跳ね回り、たくさんの興味深い物を無視しています。月やさらにはそれより遠くまで旅をしようとします。それはずいぶん愚かなことです。一つの場所にとどまっていれば、自分の人生を完全に愉しむことができます。そのほうがよほど人間らしい人生です。

私たちが月に行けたとしても、それが果たして人類にとっての正しい方向への歩みなのかどうか私にはよくわかりません。私たちが何をしようとしているのかよくわかりません。坐禅の精神を見いだすなら、人間としてたどるべき生き方が見つかるでしょう。言い換えれば、ものにもだまされないし、ある特定の考えにもだまされることがなくなります。道元禅師は最初、天皇から与えられる栄誉の紫衣《しえ》を受け取ることを拒否しました。道元禅師が二度目にそれを断った後、天皇は「お前はそれを受け取らなければならない」と言い、彼はとうとう受け取りました。しかしそれを身につけず、天皇に手紙を書いて、こう言いました。「私はあなたのくださった紫衣に大変感謝しています。しかし、それを着ることはしません。なぜならもしそれを着たら、この山に住む鳥や猿たちが私を笑うからです（永平山浅しといえども、勅命重きこと重重。却《かえ》って猿鶴に笑わる、紫衣の一老翁）」

坐禅において、私たちは自分の息を数えるという修行をすることがあります。自分の息を一から始めて十まで数え、途中でいくつかわからなくなったらまた始めからやりなおすというようなことはくだらないと、みなさんは思うかもしれません。コンピューターを使えば、間違いなど起こさないでしょう。しかしこの修行の底にある真の意図はきわめて大切です。それぞれの数を数えているとき、自分の人生が限りなく深いことに気づきます。ここから月までの距離を数えるときのような普通のやり方で息を数えるなら、私たちの修行にはなんの意味もありません。

一つ一つの息を数えるということは全身心を挙げて息をするということです。一つ一つの数を全宇宙の力を用いて数えます。だから自分の息を数えるということをほんとうに経験しているなら、月に到着したときよりももっと、深い感謝を感じるでしょう。みなさんは、それが偉大だとみなされるからという理由だけで何かにそれほどの興味を持ったりはしないでしょうし、たいていの場合些細なことだとみなされることだからといってまったく関心を持たないということもないでしょう。

赤ん坊がそうであるような仕方で、新しい経験をすることにとても興味を持つかもしれません。赤ん坊というものはすべてのものに対して同じように関心を抱くという基本的な態度を持っています。赤ん坊を見ていると、いつでも自分の人生を愉しんでいます。私たち大人はたいてい先入観にとらわれています。対象的世界（the objective world）と一つになっていないので、対象的世界から完全には自由ではないのです。

ものごとは変化します。たいていの人にとってそれは、はなはだやる気をそぐようなことです。頼れるようなものは何一つありません。何も所有することはできません。そして見たくないものを見ることになります。好きではない人に会うことにもなります。何かをしたいと思ったらそれが不可能だとわかります。こうして、みなさんはものごとが進行していく在り方にやる気をそがれてしまうのです。仏教者として、みなさんは自分の人生の基盤そのものを変えつつあります。「ものごとは変化する」ということが、この世界の中で苦しみ、落胆する理由です。しかし、もし自分の理解と生き方を変えるなら、それぞれの瞬間において新しい人生を完全に愉しむことができます。ものごとのはかなさが、人生を愉しむ理由になります。このように修行するとき、みなさんの人生は安定し意義深いものになります。

だから肝心なのは、人生についての理解を変えること、そして正しい理解を持って修行することです。月に到着することは偉大であり歴史的な出来事かもしれません。しかし、私たちが人生についての理解を変えることがないとしたら、それはあまりたいした意味を持たないでしょう。私たちは人生についてもっと深い理解を持つ必要があります。

私たちは臨済宗のやり方と曹洞宗のやり方があるとか、あるいは小乗仏教の修行と大乗仏教の修行があるとか、仏教とキリスト教があるとか言います。しかし、どの修行をやるにしても、宇宙の中をピョンピョン跳ね回るような仕方でやるのなら、たいした助けにはなりません。修行するとき、そこに正しい理解があれば、電車に乗ろうが、飛行機に乗ろうが、船に乗ろうが、旅を愉しむことができます。船に乗って日本に行くなら十日かかるでしょうし、飛行機なら一〇時間でしょう。しかし肝心なことは旅を愉しむことだとすれば、どのくらいの時間がかかるかはたいした関心事ではありません。飛行機で旅をしても、千年生きられるわけではありません。せいぜい生きても百年ぐらいでしょう。しかも人生を二度生きられるわけでもありません。

だから、自分の人生をそれ以外の人生と比べることはできないのです。

唯一のやり方は自分の人生を愉しむこと、それだけです。みなさんは坐禅を修行し、かたつむりのように自分の息を数えているけれども、おそらくは月へ旅をするよりももっと、人生を愉しむことができます。それこそが、坐禅を修行する理由です。みなさんがどんな種類の人生を生きているかということはそれほど重要なことではありません。最も重要なことは、ものにだまされないで人生を愉しむことができるということです。

どうもありがとう。

7　象のように歩く

Walk like an Elephant

ピョンピョン跳ね回るのではなく、牛か象のようにゆっくりと歩きます。何かを得ようという考えをまったく持たないで、ゆっくりと歩くことができるのなら、みなさんはもうすでに立派な禅の弟子です。

Instead of galloping about, we walk slowly, like a cow or an elephant. If you can walk slowly, without any idea of gain, then you are already a good Zen student.

すべての教えは坐禅に由来しています。その坐禅において仏の心（仏心）が私たちに伝えられるのです。坐禅するということは、仏から伝えられた私たちの心を大きく開くことであり、私たちが経験するすべての宝はこの心からやってきます。私たちの真心《しんじん》（true mind）、あるいは仏から伝えられた心を現実のものとするために、私たちは坐禅を修行するのです。

多くの人々が特別な場所を探し求め、そしてわけがわからなくなっています。道元禅師が言ったように、「なぜ自分の坐る場所を放棄して、他国の埃《ほこり》っぽい場所をさまよい歩くのか？（『普勧坐禅儀《ふかんざぜんぎ》』何ぞ自家《じけ》の坐牀《ざじょう》を抛卻《ぼうきゃく》して、謾《みだ》りに他國の塵境《じんきょう》に去來《きょらい》せん）」。観光をしているとき、私たちは何かを性急に手に入れようという考えに夢中になっています。しかし、私たちの道は、日常の生活を深く味わいながら少しずつ着実に進んでいくことです。そうすれば自分たちがいるところで今何をしているのかが見えてきます。

人々はしばしば日本で禅を修行するのが最善だと考えます。しかし、それはかなり難しいことです。「禅センターにとどまっていたらどうだね？」私は彼らにそう言います。もしみなさんが日本に行ったら、日本の人たちに新しい建物をもっと建てるようにと励ますでしょう。彼らはみなさんに会ってとても喜ぶでしょう。しかし、それはお金と時間の浪費というものです。そして、みなさんは優れた禅の師を見つけられなくてがっかりするでしょう。たとえ良い師を見つけることができたとしても、その人の言うことを理解し、その人のもとで学ぶのは困難でしょう。

みなさんは、少しずつ、一歩また一歩と、自分自身を見守りながらここで真の坐禅修行をすることができます。私たちは馬のようにではなく、牛のように修行します。ピョンピョン跳ね回るのではなく、牛か象のようにゆっくりと歩いていきます。何かを得ようという考えをまったく持たないで、ゆっくりと歩くことができるのなら、みなさんはもうすでに立派な禅の弟子なのです。

宋朝末期の中国では多くの禅の師たちは、弟子たちの要望に応えて、頓悟《とんご》の体験が得られるようにさまざまな心理的な手段を用いて弟子たちを励ましました。それはトリック（ごまかし）ではないかもしれませんが——それをトリックなどと言うと叱られるでしょう——、私にはそのような修行はトリックのようなものだと感じられます。だからそういう禅の師たちは、悟りの経験を説明しようとする心理学者とは仲良しになれるでしょう。しかし、本来、禅はそのような修行とはまったく違うものです。

道元禅師は中国の禅の初祖である菩提達磨と第二祖である太祖慧可《えか》の話を引いて、この点について非常に強調しています。菩提達磨が慧可に言います。「私たちの修行に入りたいのなら、外部のものから自分を切り離し、内部の感情的・思考的な活動を止めなさい。みなさんが煉瓦《れんが》や石壁のようになったとき、道に入るだろう。（外には諸縁を止め、内には心の喘《あえ》ぐことなく、身は牆壁《しょうへき》の如く、心は死灰の如く、以て道に入るべし）」

みなさんも経験したに違いないでしょうが、慧可にとって、それは大変に困難な修行でした。彼は菩提達磨が言わんとしたことをついに理解できたと思えるまで、一生懸命に修行しました。慧可は菩提達磨に、自分の修行にはいかなる断絶も隙間もなくなり、修行がとまることがなくなったと語りました。すると菩提達磨は「それならば、お前とは誰だ？　誰が休みなく修行しているのだ？」と言います。慧可は、「私は自分自身をとてもよく知っていますから、私が誰であるかを言うことは困難です」と言いました。菩提達磨は言います。「その通りだ。お前は私の弟子である」。みなさんはこれを理解できますか？

私たちが坐禅をしているのは悟りを得るためではなく、私たちの本性（true nature）を表現するためなのです。みなさんが坐禅しているときには思考でさえも本性が表現されたものになっています。みなさんの思考というのは、裏庭か道路の向こう側で誰かがしゃべっているようなものです。彼らがいったい何についてしゃべっているのかと思うかもしれませんが、その誰かは特定の人物ではありません。その誰かとは私たちの本性に他なりません。私たちの内なる本性はいつでも仏教について語っています。私たちが何をやってもそれは仏性の表現なのです。

二祖慧可がこのことについての理解に達したとき、彼は「石壁そのものが仏性である。煉瓦もまた仏性である。すべてのものが仏性の表れである」ということが自分には理解できたと思いますと、菩提達磨に言いました。私はかつて、悟りを得たら、裏庭でしゃべっているのが誰なのかわかるだろうと思っていましたが、特別な教えを説いている者の内部に隠れている特別な人物など実はいないのです。私たちが眼にするすべてのもの、耳にするすべてのものは仏性の表れです。仏性と言うとき、それはあらゆるもののことです。仏性は私たちの生得の本性です。そのことは私たち一人一人、いやすべての存在に当てはまる普遍的な事実です。

このようにして私たちは、自分の本性が絶えず何かをしていることを認得します。だからこそ、慧可は始まりも終わりもない仏の修行だから修行に中断はないと言ったのです。だとすれば、そのような修行をしているのは誰なのでしょうか？　人として言えばそれは慧可ということになるでしょうが、彼の修行は恒常で永遠なものです。それは始まりのない過去に始まり、終わりのない未来に終わる、そういう修行です。だから私たちの道を修行しているのが誰なのかを言うことは難しいのです。

坐禅を修行するとき、私たちはすべての先祖たちと一緒に修行しています。この点については明確に知っておいてください。自分の坐禅があまり良いものでないとしても、時間を無駄に過ごすことはできません。みなさんは坐禅がいったい何であるのかを理解することさえできていないかもしれませんが、ある日、あるとき、誰かが、みなさんの修行を認めてくれるでしょう。だから、あちこちをさまよい歩かないで、観光をしているような坐禅に夢中になることなく、ただ修行をしてください。そうすれば、私たちの修行に仲間入りができるチャンスがあります。良いとか悪いとかは問題ではありません。自分の仏性に確信を持ち、このような理解を持って坐るなら、遅かれ早かれ偉大な禅の師たちのなかにいる自分を見出すでしょう。

だから大事なのは、性急に何かを得ようという考えを持つことなく、名声や利得の観念を持つことなく、ただ修行をすることです。私たちが坐禅を修行するのは他の誰かのためでもなく、私たち自身のためでもありません。ただ坐禅のために坐禅をするだけです。ただ坐りなさい（只管に打坐せよ）。

どうもありがとう。

第2部 空からの手紙

PART TWO Letters from Emptiness

リアリティについての記述はすべて、空の世界についてのあくまでも限定された表現なのです。しかし、私たちは、その記述に執着して、それがリアリティそのものだと思っています。それは誤りです。

"All descriptions of reality are limited expressions of the world of emptiness. Yet we attach to the descriptions and think they are reality. That is a mistake."

8　空からの手紙

Letters from Emptiness

私たちは空の世界から実際に文字で書かれた手紙を受け取るわけではありませんが、その世界で何が起きているかについてのなんらかのヒント、あるいは示唆を受け取ることができます。それが、言ってみれば、悟りなのです。梅の花が開くのを見たり、小石が竹に当たって立てる音を聞いたりしたとき、それこそが空の世界からの手紙です。

Although we have no actual written communications from the world of emptiness, we have some hints or suggestions about what is going on in that world, and that is, you might say, enlightenment. When you see plum blossoms or hear the sound of a small stone hitting bamboo, that is a letter from the world of emptiness.

只管打坐とは空《くう》(emptiness)を修行すること、あるいは空を具現することです。考えることによって空についてとりあえずの理解はすることができるでしょう。それでもやはり、空は経験を通して理解されなければなりません。みなさんは空や存在についてのある考えを持っていて、存在と空はお互いに対立するものだと思っているでしょう。しかし仏教においては、この両者はどちらも存在についての考えなのです。私たちが言う空はみなさんが持っている空についての考えとは違っています。シンキング・マインド〔思考する心〕やフィーリング〔感覚〕によって空を完全に理解することはできません。それだからこそ、私たちは坐禅の修行をするのです。

日本語には「消息《しょうそく》」という言葉があります。家からの手紙を受け取ったときに湧いてくるある感じ《フィーリング》のことです。その手紙によって、実際の写真がなくても、人々が家で何をしているか、どんな花が今咲いているかといった家の様子を幾分かは知ることができます。それが「消息」ということなのです。私たちは空の世界から実際に文字で書かれた手紙を受け取るわけではありませんが、その世界で何が起きているかについてのなんらかのヒント、あるいは示唆を受け取ることができます。それが、言ってみれば、悟りなのです。梅の花が開くのを見たり、小石が竹に当たって立てる音を聞いたりしたとき、それこそが空の世界からの手紙です。

私たちが記述できる世界の他にもう一つ別な世界があります。リアリティについての記述はすべて、空の世界についてのあくまでも限定された表現なのです。しかし、私たちは、その記述に執着して、それがリアリティそのものだと思っています。それは誤りです。記述されたものは実際のリアリティではないからです。それをリアリティだと考えると、そこにみなさん自身の考えが混入してきます。それは「自分（self）」という考えです。

これまで多くの仏教者がこの過《あやま》ちに陥ってきました。そのために、彼らは書かれた経典やブッダの言葉に固執します。彼らにとってはブッダの言った言葉が最も貴重なもので、その教えを保存するためにはブッダが言ったことを記憶すればよいと考えました。しかし、ブッダが言ったことは、空の世界からの手紙にすぎません。それは彼が残した示唆、あるいは手助けにすぎないのです。他の誰かがそれを読んだら、なんの意味もなさないかもしれません。ブッダの言葉はそのようなものなのです。ブッダの言ったことを理解するためには、いつも使っているシンキング・マインドに頼ることはできません。ブッダの世界からの手紙を読もうと思ったら、ブッダの世界を理解しなければなりません。

コップから水を「空《から》にする（空ずる）」ことは、それを飲んでしまうことではありません。「空ずる」とは、存在の持つ形や色に頼ることなく、直接的で純粋な経験をすることです。そのとき、私たちの経験において、先入観、存在についての考え、たとえば大きい、小さい、丸い、四角いといった考えが「空《から》」になるのです。丸い、四角い、大きい、小さいといったことはリアリティに属しているのではなく、私たちの考えのなかにあることにすぎません。それが水を「空ずる」ということです。私たちは水を見ますが、水についての考えは持たないのです。

経験を分析するとき、私たちは時間、空間、大きい、小さい、重い、軽いといったいろいろな考えを持ちます。なんらかの尺度は必要です。私たちはいろいろな尺度を心に持って、ものごとを経験しています。しかし、物それ自体には尺度はありません。それは私たちがリアリティに付け加えたものです。私たちは常に尺度を使い、それにあまりにも頼っているので、尺度がほんとうにあるものだと思っています。しかし、そんなものは存在していないのです。もし尺度がほんとうに存在しているのなら、物と一緒に存在していることでしょう。尺度を使って、一つのリアリティを大きい、小さいなどと、いくつもの実体に分析します。しかし、何かを概念化したとたんに、それはもうすでに死んだ経験なのです。

私たちはものを判断するとき、たいてい自分を基準にして、それを行っています。だから、自分の経験から、大きい、小さい、良い、悪いといった考えを「空ずる」のです。私たちが良いとか悪いとか言うとき、その尺度は実は自分なのです。その尺度はいつも同じだとは限りません。一人一人が異なった尺度を持っています。ですから、尺度がいつでも悪いと言っているのではありません。でも、私たちは分析するとき、あるいは何かについての考えを持つとき、ともすると利己的な尺度を使いがちです。その利己的な部分は空じられなければなりません。その部分をどのようにして空ずるかといえば、それは坐禅を修行して、大きいとか小さい、良いとか悪いといった考えを少しも持たないで、ものごとをあるがままに（things as it is）受け入れることに、もっと慣熟することによってです。

芸術家や作家は彼らの直接的経験を表現するために、絵を描いたり文章を書いたりします。しかし、彼らの経験がとても強烈で純粋ならば、それを記述する企てを放棄するでしょう。

「うわー」。ただそれだけです。私は自分の家の周りに小さな庭を作るのが好きです。でも、小川に行き、素晴らしい岩や水の流れを目にすると、あきらめます。「うわー、石庭を作ろうなんてことはもうやめよう。紙や落ちた枝を拾って、タサハラの小川をきれいにするほうがよほどいい」

自然そのものの中には、美しさを超えた美があります。その一部だけを目にしたときは、この岩はこっちへ動かし、あの岩はまた別なほうへ動かす、そうすれば完璧な庭ができる、と思うでしょう。ちっぽけな自分の尺度を使って実際のリアリティを制限するのですから、良い庭か下手な庭のどちらかがあり、どれかの石を変えたくなります。しかし、もしより広い心で物そのもののありのままの姿を見るなら、何もする必要はありません。

物そのものは空なのですが、みなさんがそれに何かを付け加えるので、実際のリアリティを台無しにしてしまいます。ものごとを台無しにしないこと、それがものごとを空ずるということなのです。只管打坐で坐っているとき、音に乱されないようにしなさい。シンキング・マインドを働かせないようにしなさい。それは、どの感覚器官にも、またシンキング・マインドにも頼らず、空の世界からの手紙をただ受け取るということです。それが只管打坐です。

空ずるというのは否定することとは違います。たいてい私たちが何かを否定するときには、それをそれ以外の何かと入れ替えたいと思っています。青いコップを否定するとき、私は白いコップを欲しがっています。誰かと口論していてその人の意見を否定するとき、みなさんは自分の意見を他者に押しつけようとしているのです。多くの人はたいていの場合そういうことをやっています。しかし、私たちのやり方はそうではありません。自己中心的な考えという後からつけ足される要素を空ずることによって、ものごとの見え方を浄化するのです。ものごとを見てそれをあるがままに受け入れるとき、ある物を別な物と入れ替える必要はありません。ものごとを「空ずる」というのはそういう意味なのです。

ものごとを空ずる、つまりものごとをあるがままにしておくと、ものごとがうまく運ぶようになります。もともと、ものごとはお互いにつながりあっており一つなのです。そして一つのものとしてそれは自らを展開していきます。それが自らを展開していくままにしておくために、ものごとを空ずるのです。このような態度を持っているなら、宗教というような観念をことさら持たなくても、私たちは宗教を持っていると言えます。もし宗教的な修行を行うときにこのような態度が欠けているなら、それは阿片のようなものになっていくでしょう。私たちの経験を浄化し、ものごとをあるがままに観ることは、空の世界を理解し、ブッダがあれほどにもたくさんの教えを残したのはなぜなのかを理解することです。

只管打坐の修行においては、私たちは何かを探し求めたりはしません。何かを探し求めると、そこに自分という考えが混入してくるからです。いったんそうなると、この自分という考えをさらに推し進めるために何かを成し遂げようとして私たちは努力しはじめます。みなさんが何かの努力をしているときやっているのは実はそういうことなのです。しかし、私たちのなすべき努力は逆にそういう自己中心的な活動を取り除いていくことです。そうやって経験を浄化していくのです。

たとえば、何かの本を読んでいるときに、みなさんの妻か夫がこう言ったとしましょう。「お茶はいかがですか?」「ああ、私は忙しいんだ。だから邪魔しないで」とみなさんは応えます。そういう本の読み方をしているときは注意しなければいけません。みなさんは「はい、それはいいですね。お茶を持ってきてください」と言うことができなくてはなりません。そう言って、本を読むのをやめてお茶をいただくのです。お茶を飲んでから、また読書を続けます。

それができないとしたら、みなさんの態度は「今、自分はとても忙しいんだよ!」でしょう。それは望ましいものではありません。なぜならそのとき、みなさんの心は実際のところ全面的には機能していないからです。心の一部は懸命に働いていますが、他の部分はあまり働いていません。活動においてバランスを失いつつあるのです。本を読んでいる場合なら、それでも大丈夫でしょうが、書を書いているときには、心が空の状態になっていないと、作品が「私は空の状態になっていない」と教えるでしょう。ですから、止まらなければなりません。

みなさんが禅の修行者ならば、そういう書を書くことを恥じるべきです。書を書くことは坐禅を修行することです。書を書いているとき、もし誰かが「お茶をどうぞ」と言ったら、みなさんは「いや結構。私は書を書いているから!」と言います。するとみなさんの書が「だめ、だめ」と言うでしょう。自分をごまかすことはできません。

私たちが禅センターでいったい何をしているのか、みなさんにそれを理解してもらいたいのです。時には、自分の修行をもっとしっかりしたものにするために、あるいは自分の呼吸をもっと滑らかで自然なものにするために、坐禅を一種のエクササイズやトレーニングとしてやるのもいいでしょう。そういうこともおそらく修行のなかには含まれているでしょう。しかし、只管打坐と言うときには、そのようなエクササイズやトレーニングのことは意味していません。空の世界からの手紙を受け取っているときには、只管打坐の修行が正しく行われています。

どうもありがとう。

9 玄米がちょうどいい

Brown Rice is Just Right

みなさんは坐禅を気に入っていますか？　いや、それより玄米を気に入っていますか？　と聞いたほうがいいかもしれません。坐禅は話のテーマとしては大きすぎますから。玄米くらいがちょうどいいでしょう。実際、坐禅と玄米にたいした違いはありません。

How do you like zazen? I think it may be better to ask, how do you like brown rice? Zazen is too big a topic. Brown rice is just right. Actually, there is not much difference.

みなさんは坐禅を気に入っていますか？　いや、それより玄米を気に入っていますか？　と聞いたほうがいいかもしれません。坐禅は話のテーマとしては大きすぎますから。玄米くらいがちょうどいいでしょう。実際、坐禅と玄米にたいした違いはありません。玄米を食べるときには、よく噛まなければなりません。よく噛まないと、飲み込むのに苦労します。よく噛めば、口が台所の一部になって、玄米はますます美味《おい》しくなります。白米を食べるときは、あんまり噛みません。少し噛むだけでも美味しいので、自然にお米がのどに下りていきます。

食べたものを完全に消化すると、それは何になるのでしょう？　食べ物は変容されて、化学的性質を変え、全身に行きわたります。その過程で、食べ物は私たちの体の中で死にます。食べ物を食べて消化するというのは、私たちにとって自然なことです。そのように、私たちは絶えず変化しています。この有機的な過程は「空（emptiness）」と呼ばれます。それを「空」と呼ぶのは、それに特定の形というものがないからです。なんらかの形はありますが、その形はいつまでもそのままではありません。食べ物は変化しながら、私たちの生命力を持続させます。

私たちは自分たちが空だということを知っています。そしてこの地球もまた空だということも知っています。形のあるものは永続的ではありません。みなさんは「この宇宙とはいったいなんだろう？」と思っているかもしれませんが、この宇宙には限りがありません。空は宇宙旅行をすればわかるような何かではないのです。空はみなさんがお米を噛むことに完全に関わっているときに理解することができます。それが実際の空なのです。

最も重要なことは、迷妄（delusion）の上に自分自身を確立するのではなく、真の意味で自分自身を確立することです。しかし、私たちは迷妄なしでは生きることも修行することもできません。迷妄は必要です。しかしそのうえに自己を確立できるようなものではありません。迷妄はいわば脚立のようなものです。脚立がなければ、上には登れません。しかし脚立の上にじっととどまってはいません。このような自信を持って、私たちの道を学び続けることができます。私が「逃げてはいけない。私のそばを離れないようにしなさい（stick with me）」と言うのはそういう理由からなのです。それは「私にしがみついていなさい（stick to me）」という意味ではありません。私が言いたいのは、「迷妄と一緒に」ではなく、「自分自身から離れないようにしなさい」ということです。時には私が迷妄であることだってあるかもしれません。私を過大評価して「あの人は素晴らしい指導者だ」と思うかもしれませんが、それはもうすでにある種の迷妄なのです。私はみなさんの友人です。脚立をいっぱい持っている友人として、みなさんと一緒に修行しているだけなのです。

私たちは、だめな師匠だとかだめな弟子だからといって、がっかりするべきではありません。ご存じでしょうが、だめな弟子やだめな師匠でも真理を求めて努力すれば、何かほんとうのものが確立されるでしょう。それこそが私たちの坐禅なのです。私たちは坐禅の修行を継続していかなければなりません。玄米を嚙み続けていかなければならないのです。いつか私たちは何かを成就できるでしょう。

どうもありがとう。

10　トイレに行くという禅

The Zen of Going to the Rest Room

幸か不幸か、たとえそうしたいと思わなくても、私たちはトイレ、あの悪臭のするトイレに行かなくてはなりません。残念ですが、私たちは生きている限りはトイレに行かなければならないのです。

Fortunately or unfortunately, even though you don't like it, we need to go to the rest room, the stinky rest room. I am sorry, but I think we have to go to the rest room, as long as we live.

今どんな調子ですか？（笑）　みなさんの調子がどういうものかは私にはわかりませんが、私はたった今トイレから出てきたばかりのような気がしています。私はかなり年寄りですから、しょっちゅうトイレに行きます。若いときも、他の連中よりは頻繁にトイレに行っていました。そして、そのことで得をすることもたまにはありました。永平寺に修行にいって旦過寮《たんがりょう》（禅道場に入門するときには、数日間、特別の部屋の中で坐り続けることが要求される）にいたとき、良心の呵責《かしゃく》を感じないでトイレに行くことができました。行かないわけにはいかなかったからです！　トイレに行くのは幸せでした。トイレに行くことは自分の修行を見るのに良い方法だと思います。

雲門《うんもん》禅師はたぶん修行とトイレとを結びつけた最初の人でしょう。誰かが雲門に「あなたは何を修行していますか？　仏とは何ですか？」と聞きました。雲門は「トイレットペッパー」と答えました。トイレットペッパーというのは現代の話で、ほんとうは「トイレでお尻をぬぐうもの（乾屎橛《かんしけつ》）〔排泄後にお尻を拭く木のヘラ〕」と言ったのです（訳注：現在では、近年の研究によって雲門の言った乾屎橛とは、「カチカチの糞の棒」のこととされるようになった）。雲門が言ったのはそれです。それ以来、多くの禅匠たちがそれについて考え、それを公案として修行してきました。トイレの紙とは何でしょうか？　雲門はそれで何を言おうとしたのでしょうか？

日常生活で、私たちはいろいろなものを食べます。滋養のあるもの、滋養のないもの、豪華なもの、質素なもの、美味しいもの、まずいもの……。その後、私たちはトイレに行く必要が生じてきます。それと同じように、心をいっぱいに満たした後、私たちは坐禅をします。そうしなければ、思考がいつかはとても不健康なものになってしまうでしょう。何かを学ぶ前には心をすっきりさせておく必要があります。白紙の上に何かを描くようなものです。きれいな白紙を使わないと、描きたいものを描くことはできません。ですから、何も考えることがない、本来の状態に帰る必要があるのです。そうすれば、何も見るものがなく、自分が何をしているかを理解できるでしょう。

坐禅をすればするほど、日常生活に興味を持つようになります。何が必要で何が必要でないか、どの部分を直し、どの部分をもっと強調すべきかを、発見するでしょう。つまり、修行することによって、生活をどのように調《あつら》えるべきかを知るのです。これが、自分の置かれている状況を正確に観察し、心をすっきりさせて、本来の出発点から始めるということなのです。これはいわばトイレに行くようなものです。

私たちの文化は何かを手に入れたり、蓄積するという考えに基づいてできています。たとえば、科学は知識の蓄積です。現代の科学者たちが一六世紀の科学者たちより優れているかどうか、私にはわかりません。違いがあるとすれば科学的な知識をそれだけ積み重ねてきているということです。それは優れた点でもありますが、同時に危険なことでもあります。蓄積されたあらゆる知識の下に私たちが埋められてしまうという危険性があるのです。それはトイレに行かないで生き延びようとするようなものです。私たちはもうすでに汚染された水と空気の溜《た》まった池の中を泳いでいます。そしてこの汚染について語っています。同時に、私たちは知識の汚染を切り抜けて生き残ることはほとんどできそうにないと言ってもいいでしょう。

私たちの誰もが、体の中にあるものに執着することなくトイレに行くすべを知っています。

自分がもうすでにあらゆるものを所有しているということがわかれば、どんなものにも執着することはないでしょう。事実、私たちはあらゆるものを持っています。月になど行かなくても、私たちはそれを持っているのです。月に行こうとするということは、月がまだ自分のものではないと思っているということです。

ブッダが教えているように、私たちの心はあらゆるものと一つです。心の中にすべてのものが存在しています〔一心一切法〕。ものごとをこのように理解するなら、自分の行っていることを理解できます。何かを学ぶということは何かを正しく理解するということです。何かを正しく理解するということはものごとから離れているということです。ものごとから離れていられるようになったとき、すべてのものが私たちのものになります。私たちの修行はこのような大いなる心（big mind〔大心〕）を実現することです。つまり、自分自身も含めて一つ一つの存在を超越すること、そして自己が自己として働くままにさせておくことです。それが坐禅の修行です。私たちが坐禅の修行をしているとき、実はさまざまな執着を浄化しているのです。

私たちは死をとても恐れています。しかし、みなさんが充分に成長しているなら、死とは私たちに起こらなければならないものであることが理解できます。もし若くして死ぬなら、それは恐ろしいことです。でも、もし私が死ぬなら、私にとってもあるいはみなさんにとっても、それほど恐ろしいことではありません。私は死ぬのに充分なほど年を取っているからです。私は自分の人生というものをかなりよく理解しています。一日を生きるということが何であるか、一年を生きるということが何であるか、六〇年あるいは百年生きるということが何であるかを理解しています。いずれにせよ、この人生でたくさんの物を食べて成長し経験を積んでくると、ちょうどみなさんが喜んでトイレに行くのとまさに同じように、喜んで死んでいけるようになるでしょう。死はそのような仕方で起こるのです。

八〇歳とか九〇歳の老人にはあまり問題というものがありません。確かに肉体的には、老人が苦しむことはあるでしょうが、それでもその苦しみはみなさんが思うほどおおごとではありません。若いときは、死というものは怖いものだと思いますから、若くして死んでいくときには、そのことを思い続けてしまいます。しかし、実際はそうではないのです。身体的な苦しみに耐える能力には限界があります。精神的にも苦しみに耐える能力には限界があります。しかし、私たちはそれには限界がないと考えます。限度のない欲望を持つせいで限度のない苦しみを被《こうむ》るのです。ブッダが言うように、そのような欲望が私たちの問題を生み出しています。私たちは限度を知らない欲望を持って次から次へと問題を蓄積させています。だからこそ、底なしの恐怖を抱くのです。

実際には、自分の心をどのようにして浄化するかを知るなら、そんなにたくさんの問題を抱えることはありません。私たちは、毎日トイレに行くように、毎日坐禅を修行します。修行道場の生活で最高の修行はトイレをきれいにすることです。どこへ行こうと、どこの修行道場でも必ず、トイレを掃除する特別の役割を持った人がいます。トイレを掃除するのはそれが汚れているからではありません。きれいであろうと汚れていようと、きれいとか汚いという［浄《じょう》穢《え》］の思いを持つことなくそれができるようになるまで、トイレの掃除をするのです。そうなれば、それはトイレ掃除のままで実際のところ坐禅の修行になっているのです。この修行を日常生活に拡張していくことは難しいことのように思えるかもしれませんが、実際にはそれは大変簡単です。私たちの怠《なま》け心がそれを難しいものにしているだけなのです。だから、修行を継続していくためには忍耐が必要だということが、強調されるのです。修行にはいかなる中断もあってはいけません。修行は瞬間瞬間ずっと続けていかなければならないのです。

坐禅の修行を一生懸命している弟子のなかには日常生活をないがしろにする人がいます。悟りを得ると、「偉大な師のもとで自分は悟りを得た。だから何をやろうとかまわない。私は良いとか悪いとかの次元から完全に自由になったのだから。悟りの経験を得ていない人だけが良いとか悪いという観念にしがみついているのだ」と言う人がいるかもしれません。しかし、そういうことを言うのは、日常生活をないがしろにすることです。彼らは自分の生活を大切にしていません。そういう人たちは、自分の生活をどう調えていくかということを知らないし、どういうリズムを持って生きていくかということがわかっていません。生活のリズムを知るということは、自分が何をしているかを理解することです。明晰な頭脳を持って、坐禅の経験を通して、自分のしていることを見ていかなければなりません。

私がアメリカにやってきたのは、日本であまりにも多くの問題を抱えていたからです。確信しているわけではありませんが、おそらくそれこそが私がアメリカにやってきた理由でしょう。日本にいるときには、今ここでやっているようには坐禅を修行していませんでした。今は日本にいたときに抱えていた問題とは大変異なった問題をここで抱えています。みなさんと一緒に坐禅を修行しているにもかかわらず、私の心はまるで生ゴミ入れのようです。自由の国と言われるアメリカにいるにもかかわらず、私の心は生ゴミ入れのようです。私は日本人で、ここにもたくさんの日本人の友人がいます。他の問題に加えて、たいていの日本人が抱えているような問題を私も抱えています。ときどき、自分はいったいここで何をやっているのだろうと思うことがあります。でも、一切の過大評価や過小評価なしに、まったく正直にウソ偽りなく、自分が何をしているかをはっきりと知っているので、心にそれほど重荷を感じていません。坐禅修行が私を大いに助けてくれました。もし坐禅を修行していなかったら、私がこれまでしてきたようには、きっとやってこられなかったでしょう。私はずいぶん若いころに修行を始めました。しかし、ほんとうの意味において修行を始めたのは、サンフランシスコにやってきてから後のことなのです。

みなさんはもしかしたら私と一緒にやっていくことに困難を感じているかもしれません。私は自分がやっていることがみなさんにとって困難な試練のようなものだということを承知しています。しかし、別な角度からものごとを理解しようとするこの努力は、異なった文化的背景で育った人たちと交流しなければ不可能です。ものごとを一つの、自己中心的で、個人的あるいは自国的な観点からのみ理解することは、私たちの弱さです。それでは文化をほんとうの意味で発展させることはできません。この点に関して言えば、文化を健全なものにする唯一の道はさまざまな人間による文化的な活動に参加することです。そうすれば、私がサンフランシスコに来て以来、自分自身や坐禅を前よりいっそうよく理解できるようになったように、自分自身をよりよく理解することができるでしょう。

自分自身を、そして他者をよりよく理解できれば、みなさんはただ自分自身であることができます。良きアメリカ人であることは良き日本人であることであり、良き日本人であることは良きアメリカ人であることなのです。日本のやり方とかアメリカのやり方にこだわっているせいで、私たちの心はくずかごのようになっています。この点に気づくなら、坐禅を修行することがいかに重要であるかがわかるでしょう。幸か不幸か、たとえそうしたいと思わなくても、私たちはトイレ、あの悪臭のするトイレに行かなくてはなりません。残念ですが、私たちは生きている限りはトイレに行かなければならないのです。

もし私がもっと若かったら、今ここで、トイレのことを歌にした日本の民謡を唄うんですけどね。

どうもありがとう。

11　土を手入れすること

Caring for the Soil

空とは何もそこに見ることができない畑です。実は空はすべてを生み出す母なのです。そこからすべてのものがやってきます。

Emptiness is the garden where you cannot see anything. It is actually the mother of everything, from which everything will come.

ほとんどの人は仏教を、すでに与えられたものであるかのようにして学んでいます。私たちがしなければならないのは、食べ物を冷蔵庫の中に入れるように、ブッダの教えを保存することだと考えています。そして、仏教を学ぶときは、その食べ物を冷蔵庫から取り出すのです。ですから、仏教が欲しいときにはいつでも、それはもうすでにそこにあるのです。しかし、禅を学ぶ者は、そうではなく、田や畑から食べ物を生み出すことに関心を持つべきです。私たちは大地のほうを重視します。

誰にでも仏性があります。仏性から育ってくる教えはお互いに似通っています。仏教のさまざまな宗派の教えにたいした違いはありませんが、教えに対する態度は異なっています。教えはもうすでに自分に与えられていると考えるなら、この共通世界でその教えを応用して使っていくことが、その努力の内実になるでしょう。たとえば、テーラワーダ仏教を学ぶ者は、十二因縁（無明《むみょう》・行・識・名色《みょうしき》・六処・触・受・愛・取・有・生・老死）の教えを、現実の生活や、いかに生きいかに死ぬかに、活かそうとするでしょう。大乗仏教では、ブッダがこの教えを説いたときの、もともとの目的は、さまざまなもの同士の相互依存性を説明することだったと理解します。

ブッダは私たちの常識を壊すことによって私たちを救おうとしました。たいていの場合、私たちは何もない土地には興味を持ちません。私たちはむきだしの土ではなく畑で育っているもののほうに興味を持つ傾向があります。しかし、良い収穫を得たいと望むなら、最も重要なことは土を肥やし、それをよく耕すことです。ブッダの教えは食べ物それ自体に関するものではなく、それをいかに育てるか、それをいかに手入れするかに関するものなのです。ブッダが興味を持っていたのは特別な神でもなければすでに存在しているものでもありませんでした。彼が興味を持っていたのは、さまざまな畑がそこからできる土地のほうだったのです。彼にとっては、すべてのものが神聖なものでした。

ブッダは自分が特別な人間であるとは思っていませんでした。衣を身につけ、鉢を持って托《たく》鉢《はつ》をし、最も普通の人のようであろうとしました。彼はこう思っていました。「私にたくさんの弟子がいるのは、私のせいではなく、弟子たちが優れているからだ」と。ブッダが偉大な師であったのは、人々についての彼の理解が素晴らしかったからです。彼が人々をよく理解していたからこそ、彼らを愛し、助けることを喜んだのです。ブッダはそのような精神（spirit）を持っていたからこそ、ブッダ〔覚者・仏〕でいることができたのです。

どうもありがとう。

12 日常生活は映画のようなもの

Everyday Life is like a Movie

修行しているときには、自分の心がスクリーンのようなものだということがわかります。もしスクリーンが色彩豊かで、人々をひきつけるくらい色鮮やかであれば、スクリーンはその目的を果たすことができなくなります。ですから、色彩が豊かではないスクリーンを持つこと——汚れのない真っ白なスクリーンを持つこと——が最も重要な点なのです。

When you are practicing, you realize that your mind is like a screen. If the screen is colorful, colorful enough to attract people, then it will not serve its purpose. So to have a screen which is not colorful —— to have a pure, plain white screen —— is the most important point.

みなさんの多くは禅が何であるかということに大変興味があるようです。実は、禅とは生き方であり、坐禅の修行とは目覚まし時計の鳴る時刻をセットするようなものです。目覚ましが鳴る時刻をセットしなければ、その時計は目的を果たすことができません。私たちは毎日、出発点を持たなければなりません。太陽はある時刻に昇り、ある時刻に沈むという、いつも同じことを繰り返しています。私たちもそうです。しかし、私たちにはそのようには感じられないかもしれません。生活がきちんと調えられていなければ、どこから生活を始めるべきかを知っていることがどれほど重要であるかを実感できないでしょう。

禅の修行者として、私たちの生活は坐禅の修行から始まります。ゼロにもどり、ゼロから始めるのです。いろいろな活動をしますが、最も重要なことは、そうした活動がゼロから現れてくることを覚《さと》ることです。坐ろうと決心したとき、それは目覚まし時計をセットしたということなのです。坐禅の修行を始めようという決心をするために充分な自信を持ったとき、それがゼロです。

坐禅をしている間に、鳥が鳴いているのを耳にするかもしれません。修行の中ではいつも何かが起きています。同じように、日常生活においても、たくさんのことが起こります。もしそれらのことがどこから起こってきたのかがわかっているなら、それらのことに混乱させられることはないでしょう。それがどうして起きたのかがわからないから、混乱してしまうのです。ものごとがどのようにして起きてくるのかを知っているなら、何かが起きたとき、みなさんは準備ができています。「おや、何かが現れてきている」。それは日の出を見ているようなものです。「ほら見て、ちょうど太陽が昇ってくる」

たとえば、みなさんは腹を立てることがあります。実際のところは、いきなり怒りがやってくるのではありません。それはとてもゆっくりやってくるのです。怒りがまったく突然に起こったように感じるなら、それは本物の怒りです。しかし、それがどのようにしてやってきたのかがわかる場合——「怒りが私の心の中で起きている」——それは怒りではないのです。人々は、「あなたは怒っている」と言うかもしれませんが、ほんとうはみなさんは怒っているのではありません。もし、自分が今まさに泣き出そうとしているということが、「ああ、自分は泣き出しそうだ」とわかって、それから二、三分経ってから、「ああ、泣き出しちゃった」、これを泣くことだとは言えません。私たちの修行とは、坐禅しているときに浮かんでくるさまざまなイメージを受け入れるように、ものごとを受け入れることです。最も重要なことは、大いなる心を持ってものごとを受け入れることです。

悟りを得るために坐禅の修行をするのは、鳴る時刻をセットしないで目覚まし時計を使うようなものです。それは突然鳴り出しますが、たいした意味を持ちません。毎朝ある時間に坐禅をすることには意味があります。ある特定の時間に自分が何をしているかを知ることが、最も重要なことなのです。それが自分の置かれている状況に従って努力をするということです。

私たちの日常生活は大きなスクリーンに上映されている映画のようなものです。たいていの人はそこにスクリーンがあることを知らないで、スクリーンに映る映像のほうに興味を持ちます。映画が終わって、もう何も見えなくなると、「明日の晩また来なくちゃ」（笑）、「またもどって来て、別な映画を観よう」と思うでしょう。スクリーンの上の映像だけに興味を持ち、それが終わると、明日の別な映画を期待したり、今はもう何もいいことがスクリーン上に映っていないのでがっかりしたりします。スクリーンがいつもそこにあることがわからないのです。

しかし修行しているときには、自分の心がスクリーンのようなものだということがわかります。もしスクリーンそのものが色彩豊かで、人々をひきつけるくらい色鮮やかであれば、スクリーンはその目的を果たすことができなくなります。ですから、色彩が豊かではないスクリーンを持つこと――汚れのない真っ白なスクリーンを持つこと――が最も重要な点なのです。でも、たいていの人は汚れのない真っ白なスクリーンには興味を持ちません。

映画を観て興奮するのはいいことだと思います。それが映画だと知っているからこそ、ある程度それを楽しめるのです。スクリーンのことなど何も考えていないとしても、それがスクリーン上に映された映画であり、映写機や人工的な何かがどこかにあるという理解に基づいて、映画に興味を持ちます。だから映画を楽しめるのです。それが人生を愉しむ方法です。スクリーンや映写機のことなど少しも考えていなかったとしたら、それを映画として観ることはできないでしょう。

自分の持っているある種のスクリーンのことを知り、映画館で映画を愉しむように人生を愉しむためには、坐禅の修行が必要なのです。私たちはスクリーンを怖がったりはしません。ただの白いスクリーンに対して特別の感情を持ったりはしません。それと同じように人生を少しも怖がったりはしません。自分が怖がっているものをむしろ愉しむのです。自分を怒らせたり泣かせたりするものを愉しみます。そして泣いたり怒ったりすることも愉しむのです。

スクリーンのことがまったくわかっていないなら、悟りのことを恐ろしいとすら思うでしょう。「それって何ですか?」「えーっ、なんですって!」(笑)。もし誰かが悟りを得たら、その人にそれがどんな経験だったか聞くでしょう。その経験を聞いたら、「うわー、どうしよう!それは私にはムリです」と言うかもしれません。でも、それはご存じのように映画にすぎないのです。みなさんが愉しむためのものなのです。映画を愉しもうと思うなら、それはフィルムと光とスクリーンの組み合わせでできているものであり、最も重要なのは真っ白なスクリーンであるということを知らなければなりません。

その白いスクリーンは実際に手に入れることができる何かではありません。それはみなさんがいつも持っているものです。それを持っているという実感がないのはみなさんの心が忙しすぎるからです。ときどきはあらゆる活動をいったんとめて、スクリーンを白くする必要があります。それが坐禅です。それが私たちの日常生活と坐禅修行の基礎になります。このような基礎がないとみなさんの修行はうまくいきません。みなさんが受け取る坐禅に関する指示はすべて、どのようにしてきれいな白のスクリーンを持つかということに関するものです。もっとも、あれやこれやの執着と、以前からついている汚れのせいで完全に真っ白になるということはありませんが。

何も念頭に置かずただ坐禅を修行するとき、私たちはとてもくつろいでいます。普段の姿勢ではは完全にくつろぐことは難しいので、坐禅の姿勢で坐るのです。それを行うために、私たちは過去の多くの人々の経験から蓄積された坐禅に関する指示に従います。彼らは坐禅の姿勢はそれ以外の姿勢、立位《りつい》や臥位《がい》よりもはるかに優れていることを発見したのです。指示に従って坐禅するなら、うまくできるでしょう。しかし、もし自分自身の汚れのない白いスクリーンを信じることができないなら、修行はうまくいきません。

どうもありがとう。

13 大いなる心を回復すること

Resuming Big Mind

坐禅をするとき、大いなる心（big mind〔大心〕）が小さな心（small mind〔小心〕）を実際に制御しているというのではありません。小さな心が鎮まったとき、大いなる心がほんとうの活動を始めるのです。

When we practice zazen, it is not that big mind is actually controlling small mind, but simply that when small mind becomes calm, big mind starts its true activity.

「接心」のねらいは修行と完全に一つになるということです。「接心」という漢字は二つの文字から成り立っています。「接」とは客人をもてなすようなやり方、あるいは弟子が師に接するようなやり方で、何かを扱うという意味です。「接」のもう一つの意味は、ものごとをきちんと制御する、あるいは調えるということです。「心」は思いや心を意味しています。ですから「接心」というのは、心を正しく機能させるということを意味しています。制御されるべきものは、私たちの五つの感覚と意思、あるいは小さなモンキー・マインド〔猿のようにせわしなく動き回る心〕です。モンキー・マインドを制御できているとき、ほんとうの大いなる心(big mind)を回復しているのです。モンキー・マインドがいつも大いなる心の活動に取って代わっているときには、当然私たちはモンキーになっています。ですから、モンキー・マインドはボス(主人)を持っていなければなりません。それが大いなる心なのです。

しかし、坐禅をするとき、大いなる心が小さな心(small mind)を実際に制御しているというのではありません。小さな心が鎮まったとき、大いなる心がほんとうの活動を始めるのです。日常生活においてはほとんどの時間を、私たちは小さな心の活動に巻き込まれています。だからこそ、坐禅の修行をして、大いなる心を回復することに完全に専念する必要があるのです。

私たちの行う修行の良い実例は亀です。亀には四本の脚と頭としっぽがあります。この六つの体の部分が甲羅の外に出ているときもあれば、内側に引っ込んでいるときもあります。何かを食べたいと思ったり、どこかへ行きたいと思ったら、脚が外に出てきます。しかし、もしいつでも脚を外に出していたら、何かに捕まってしまうでしょう。危険が迫ったときには、脚、頭、しっぽを引っ込めます。この六つの部分というのは私たちで言えば、五つの感覚器官と心に当たります。接心では、一週間の間、頭、しっぽ、脚を甲羅の中に引っ込めるのです。仏典には、六つの部分が甲羅の中にあるときには悪魔でさえも私たちを壊すことができないと書いてあります。

坐禅では、思考をとめようとしたり、見たり聞いたりすることを中断しようとしたりはしません。心の中に何かが現れたら、そのままにしておくのです。何かが聞こえたら、それを聞いて、ただそれを受け入れるのです。「おや」――それだけです。坐禅では第二の活動が生じてはいけません。音は一つの活動です。第二の活動というのは、「あの音は何だ?――自動車?ゴミ収集車? それとも?」と考えることです。音が聞こえたら、それだけ――ただそれが聞こえるだけです。どんな判断もしてはいけません。それが何であるかを知ろうなどとはしないのです。ただ耳を開いていると何かが聞こえるだけです。眼を開いていると何かが見えるだけです。長い時間にわたって、壁の同じ場所を見ながら坐禅をしていると、いろいろなイメージが見えてくるかもしれません。「川のように見える」とか「龍のように見える」とか。そして、考えごとをしてはいけないと思うかもしれません。でもいろいろなイメージを見てしまいます。そういうイメージのことをあれこれ考えるのは暇つぶしのためには良いやり方かもしれませんが、それでは接心とは言えません。

何かに集注することは重要なことかもしれませんが、ただ単によく集注した心の状態になるだけでは坐禅ではありません。それは修行の要素の一つですが、同時に心の平静さも必要です。ですから、五つの感覚器官の活動をことさらに強めてはいけません。それらが働くままにしておくのです。そのようにしてほんとうの心〔真心〕を解放するのです。日常生活においてそれができるなら、柔軟な心〔柔軟心《にゅうなんしん》〕を持つことができるでしょう。先入観をあまり持つことなく、思考の悪い習慣も大きな力をふるうことがなくなります。もの惜しみのない心と大いなる心を持ち、話す言葉は人々の助けになるでしょう。

たとえば、『正法眼蔵随聞記《しょうぼうげんぞうずいもんき》』のなかで道元禅師が次のような話をしています。影響力のある一条基家について彼が伝え聞いた話です。ある日、基家は自分の刀がなくなっていることに気がつきます。他の誰も彼の家に入っていないので、家臣の一人が刀を盗んだに違いありません。刀は見つかり、彼のもとにもどってきました。しかし、基家は「これは私の刀ではない。だからそれを所有していた者に返しなさい」と言いました。人々は刀を持っていた者がそれを盗んだ者だということを知っていましたが、基家がその者を責めないので、誰も何も言うことができません。それで何事も起こらずじまいでした。道元禅師によれば、これこそが、私たちが持つべき心の平静さなのです。

もし、もの惜しみしない大いなる心を持っているなら、そして修行するための強靱な精神を備えているなら、何も心配する必要はありません。道元禅師は質素で単純な生活を送ることを強調しています。何ものも期待することなく、自分たちの道をただ修行するだけです。多くの弟子たちが、いったいどうすれば何の計画もなしにお寺や修行者のグループを維持することが可能なのですか、と道元禅師に質問します。道元禅師は「お寺を維持することが難しくなったら、そのときにはそのことを考えよう。しかしそうなるまでは、それを考える必要はない」と言いました。何かが起こる前に、そのことについて、あれこれと考えるのは私たちのやり方ではありません。そのようにして私たちは心の完全な平静さを保つのです。何かを持っているから、それを失うことが心配になるのです。もし何ものも持っていないのなら、心配する必要はどこにもありません。

ある夜、道元禅師は言いました。「たとえある教えが完全で正しいと思っていたとしても、誰かがそれよりも優れた道を教えてくれたら、自分の考えを改めるべきだ」と。このようにして、私たちは教えについての自分の理解をどこまでも向上させていくのです。そのときはそれが正しいと思ったから、その理論や規則に従いますが、同時に心の中には考えを改めるための空間も持っています。それが柔らかい心〔柔軟心〕です。

考えを改めることができるのは自分の思考がどれほどモンキー・マインドであるかをよく知っているからです。モンキーの示唆に従うときもあります――「ああ、その通りだ。それが正しい。その方向に進んでいったら、食べ物にありつけるかもしれない。さあ、行こう!」と。しかし、もっとましな進む道が見えたら、「ねえ、お猿さん、こっちに行ったほうが良さそうだよ!」と言うかもしれません。貪《むさぼ》りや怒り、その他の感情に固執していると、また思考する心 (thinking mind)、つまりモンキー・マインドに固執していると、考えを改めることができなくなります。心が柔軟ではなくなるのです。

ですから、私たちの修行においては、大いなるものを信頼し、その大きなスペースの中で坐っています。脚にある痛みやその他の困難はその大きなスペースの中で起きているのです。自分が仏性の世界の中にいるという感覚を失わない限り、たとえなんらかの困難を抱えていたとしても、坐っていることができるのです。困難から逃げ出したいと思うと、あるいは自分の修行をもっとましなものにしようとすると、自分自身で新たな問題を作りだすことになります。しかしもしそこで、ただ存在していることができるなら、自分を取り巻いているものを正しく理解するチャンスがあります。そして、何一つ変えることなく自分を完全に受け入れることができるのです。それが私たちの修行なのです。

大いなる心の中に存在するということは、信仰の行為です。ここで言う信仰とは特定の考えや存在を信じるという通常の意味の信仰とは異なるものです。それは何かが私たちを支え、シンキング・マインドや情緒的感情も含めて私たちのすべての活動を支えていると、確信していることです。形も色もない何か大きなものによって、これらすべてが支えられています。それが何なのかを知ることは不可能ですが、何か、物質的なものでもないし精神的なものでもない何かが確かにそこに存在しています。そのような何かが常に存在し、私たちはそのようなスペースの中に存在しているのです。それは純粋な存在の感覚です。

七日間、自分自身を坐禅の中に投げ入れる勇気があるなら、ほんの少しの理解かもしれませんが、それがみなさんの頑なさと頑固さを救ってくれるでしょう。頑固な心のせいで作りだしてしまうすべての問題はほとんど消えてしまうでしょう。リアリティについてのほんのちょっとの理解でもあれば、みなさんの思考方法は完全に変わるでしょう。そして自分が作りだす問題はもはや問題ではなくなるでしょう。しかし、生きている限り問題があるということもまた真実です。私たちの全存在を変えてしまうような、あるいはすべての問題を解決するような大きな悟りを得るために坐禅の修行をするのではありません。それは正しい理解ではありません。それは人々が「禅」と呼んでいるものかもしれませんが、ほんとうの禅はそのようなものではありません。

接心では、真実の修行を経験することに注意を集注します。何かを獲得するという考えをすべて忘れて、ここにただ坐ります。この部屋が寒すぎるのなら暖かくしましょう。もし曲げている脚が痛くなってきたら、伸ばしても結構です。もしあまりにも困難だったら、休んでもかまいません。しかし、この七日間の間は修行を続けましょう。

どうもありがとう。

14 普通の心、仏の心

Ordinary Mind, Buddha Mind

ほんとうの意味での仏は普通の心と異なったものではありません。また普通の心は聖なるものからかけ離れた別なものではありません。これが自己についての完全な理解なのです。このような理解を持って坐禅を行じるとき、それがほんとうの坐禅です。

Buddha in its true sense is not different from ordinary mind. And ordinary mind is not something apart from what is holy. This is a complete understanding of our self. When we practice zazen with this understanding, that is true zazen.

私の講話の真意はみなさんの修行にとって何かの支えになるようなものを提供することにあります。私が言うことを記憶する必要はありません。私が言ったことにみなさんが固執すると、それは木そのものではなく、その木を支えているものに固執することになります。しっかりとした強い木でも、やはり、なんらかの支えが必要かもしれません。しかし、最も重要なことは木それ自体であって、その支えではありません。

私は一本の木です。みなさん一人一人も木なのです。自分でしっかりと立たなければなりません。木が自分自身で立っているとき、その木のことを仏《ほとけ》と呼びます。つまり、ほんとうの意味で坐禅を修行しているとき、みなさんはほんとうに仏なのです。それを木と呼ぶこともあれば、仏と呼ぶこともあります。「仏」「木」、あるいは「みなさん」というのは一人の仏の異なった名前なのです。

坐禅をしているとき、みなさんはさまざまな存在から独立しており、同時にさまざまな存在に結びついてもいます。そして修行において完全な落ち着きを得ているとき、みなさんはすべてのものを内に含んでいます。みなさんは単なる自分だけの存在ではなくなっているのです。みなさんは世界全体、宇宙全体であり、仏なのです。ですから坐禅のとき、みなさんはただの普通の人間であり、また同時に仏なのです。坐る前には自分は普通の人間だという考えに固執していたかもしれません。ということは、坐禅をしているとき、みなさんは坐る前のみなさんとは違う存在になっているということです。わかりますか?

普通の人間であると同時に聖者でもあるということなどあり得ないと言うかもしれません。そういうふうに考えているときには、みなさんの理解は偏ったものになっています。日本語で、一方の側からしかものごとを理解できない人のことを担板漢《たんばんかん》と呼びます。つまり、「肩の上に大きな板を背負った人」ということです。肩の上に大きな板を背負っているので、別の側が見えません。自分はただの普通の人間にすぎないと思っています。しかしもし、その板を取り外したら、「ああ、私も仏なんだ。仏であると同時に普通の人間でもあるということがどうしてあり得るんだろう。素晴らしい！」と理解できるでしょう。それが悟りなのです。

悟りを経験すると、ものごとをもっと自由に理解できます。人々がみなさんのことをどう呼ぶかなどということは気になりません。普通の心？　いいよ。私は普通の心だ。仏？　そう、私は仏だ。どうやって私が仏でありかつ普通の心でもあるようになったのか？　私にはわからないけど、現に、私は仏であり、また普通の心なんだ。

ほんとうの意味での仏は普通の心と異なったものではありません。また普通の心は聖なるものとかけ離れた別なものではありません。これが自己についての完全な理解なのです。この理解を持って坐禅を行じるとき、それがほんとうの坐禅です。そのとき、私たちは何ものにも思い悩まされることがありません。何が聞こえても、何が見えても、平気です。そういう実感を持つためには、修行に慣熟しなければなりません。修行を続けていれば自然に、そのような理解と実感を持つようになります。それは単なる知的なものではなく、ほんとうの実感としてそれを持つことになるでしょう。

たとえ「仏教とは何か」を言葉で説明できる人がいるとしても、その人がそれを実感として持てていないのなら、私たちはその人を真の仏教者と呼ぶことはできません。人格そのものが実感によって特徴づけられているとき初めて、その人を仏教者と呼ぶことができます。このような理解によって人が特徴づけられるようになる道は、いつもこの点に注意を集注していることです。数多くの公案や言葉がこの点を取り上げています。普通の心はものごとを二元的に理解しています。しかし、私たちが通常やることを行っているとしても、それはほんとうのところは仏の活動なのです。仏の心、仏の活動、そして私たちの活動は異なったものではありません。

「しかじかのもの」が仏の心で、「これこれのもの」が普通の心だと誰かが言います。しかし、そのように説明する必要はどこにもありません。何かをするとき、「私は何かをやっています」と言うことはできません。他のものから独立して存在している人はそもそも存在しないからです。私が何かを言うとき、みなさんはそれを聞きます。私は自分だけでは、自分の力だけでは何もできません。誰かが何かをするとき、あらゆる人が何かをしています。一瞬一瞬、私たちは活動を継続していきます。それは仏の活動です。しかし、それをただ仏の活動だけと言うことはできません。みなさんもまた実際に何かをしているからです。みなさんは「私は」と言います。しかし、それがどんな「私は」であるかを実は知らないのです。みなさんは誰が何をしているのか言おうとします。それは自分の活動を合理的に説明したいからです。しかし、何かを言う前に、実際の活動はすでに存在しています。みなさんであるところの何者かは、そこに在ります。

私たちの活動は宇宙的であると同時に個人的です。ですから、私たちが何をしているかを説明する必要などありません。私たちとしてはそれを説明したいと思うのですが、それができないとしても不快に感じてはいけません。それをほんとうに理解することなどできないのですから。現に、みなさんはここ、まさにここにいます。自分を理解する以前に、みなさんはすでに自分なのです。説明した後では、みなさんはもはやほんとうには自分ではありません。みなさんは自分のイメージを持っているだけなのです。しかし、たいていの場合、ほんとうには自分ではないそのイメージのほうに固執してしまい、リアリティを無視します。道元禅師が言ったように、私たち人間はリアルではないものに執着して、リアルなものをすっかり忘れてしまうのです。それが実際、私たちがやっていることです。この点をはっきり認識するなら、完全な落ち着きが得られ、自分を信じることができます。自分に何が起ころうと、かまいません。みなさんは自分を信じています。この信は、リアルでないものを信じている通常の信仰とはまったく違います。

いかなるイメージや音もなく、開かれた心で坐っているとき、それが真実の修行です。それができているとき、みなさんはすべてのものから自由になっています。それでも、もちろんみなさんは自分の人生を刻々に愉しんでいいのです。みなさんは自分の人生を実体のある永遠なものとして愉しんでいるのではないからです。私たちの人生はつかの間のはかないものでしかなく、同時にそれぞれの瞬間はそれ自身の過去と未来を内に含んでいます。このようにして、私たちのつかの間でもありまた永遠でもある人生は続いていきます。こうして、私たちは日々の生活を実際に送り、日々の生活を愉しみ、さまざまな困難から自由でいられるのです。

私は長い間病気で寝ていました。そしてこういったことについて考えていました。ベッドの中でずっと坐禅をしていました。ベッドの中にいることを楽しまなければなりません（笑）。時にはそれが難しいこともありましたが、そんなときは自分を突き放して眺めました。「なんでそんなに難しいのだろう？　その難しさを愉しんだらどうだい？」

そういうことが私たちの修行だと思うのです。

どうもありがとう。

第3部 禅を修行する

PART THREE Practicing Zen

真の禅を学ぶやり方は言葉によるものではありません。ただ自分を開いてあらゆるものを手放すのです。何が起ころうとも、自分が見出したものを綿密に学び、そして理解しなさい。それが根本にあるべき態度です。

The way to study true Zen is not verbal. Just open yourself and give up everything. Whatever happens, study closely and see what you find out. This is the fundamental attitude.

15　内側から支えられて

Supported from Within

……私たちは内側からしっかりと護《まも》られています。それこそ私たちが持つべき精神です。私たちは、常に、とだえることなく、内側から護られています。ですから、外側からの助けを少しも期待していません。

…We are firmly protected from inside. That is our spirit. We are protected from inside, always, incessantly, so we do not expect any help from outside.

私たちの法要ではお経を読誦《どくじゅ》した後、その功徳を捧げるための祈り〔回向文《えこうもん》〕を唱えます。道元禅師によれば、私たちは外側からの助けを探し求めているのではありません。なぜなら私たちは内側からしっかりと護られているからです。それこそが私たちの持つべき精神（spirit）です。私たちは、常に、とだえることなく、内側から護られています。ですから外側からの助けを少しも期待していません。ほんとうのところはそうなのですが、お経を読誦するときには通常のやり方で祈りの言葉を唱えます。

功徳を回向する唱えごとの一つでは次のようなことを言います。「お寺の二つの車輪〔法の車輪と物質の車輪〔法輪と食輪〕〕がどうか滑らかに動きますように。国やこの寺が直面する災難、戦争、伝染病、飢饉《ききん》、火事、水害、大風といった災難が、どうか避けられますように〔山門の二輪常に転じ、国土の三災永く消せんことを〕」。こういう内容の文を読みはしますが、私たちの実際の精神はそれとは違います。私たちが自分たちのやり方をきちんと守ったり、お経を読誦したりするのは助けを求めるためにそうしているのではありません。私たちの精神はそのようなものではありません。お経を読誦するときには、それによって非二元性、完全な平静さ、そして自分たちの修行に対する強い確信の気持ちを作りだしているのです。

もしそのような気持ちがいつも私たちと共にあるなら、私たちはしっかり支えられているでしょう。建物や組織を維持するためとか、あるいは個人的な生活を維持するためといった、二元的で、利己的な修行をするようなことになれば、坐禅にも読経にもあまり気持ちがこもらなくなります。自分たちの道に強い自信を持っていて何もアテにしていないとき、深くて平静な気持ちでお経を読誦することができます。それが私たちのしている修行の実際です。

道元禅師はまた、汚れているとか清浄であるという考え、あるいは厄災であるとか災害といった考えを持ってはいないけれども、それでもトイレを掃除する修行をするのだとも言っています。自分の顔、口、体がきれいだとしても、朝起きたら顔を洗い口をきれいにしなければならないのです。トイレを掃除するのは汚い仕事だと考えるなら、それは誤った考えです。トイレは汚いのではありません。たとえトイレを掃除しなくても、それはきれいなのです。いや、きれいであること以上のものです。だからこそ、汚いからではなく修行としてそれをきれいにするのです。それが汚いからきれいにするのだとすれば、それは私たちの道ではありません。

私たちが信じているのは、もし法の車輪が回っているなら、物質的な車輪もまた回るだろうということです。誰からも支えられていないとしたら、それは私たちの法輪が実際には動いていないということを意味しているのです。これが道元禅師の理解です。私はこれがほんとうかどうかということを、特に食べ物があまり手に入らなかった戦時中に試しました。

たいていの僧侶は自分自身や家族を養うお金を稼ぐために仕事を持っていました。私が信じていたのは、私が仏教者としての道を忠実に踏み行っていれば、人々は私を支えてくれるだろうということでした。もし誰も自分を支えてくれないのなら、道元の言葉は正しくないということです。ですから、私は何かをめぐんでほしいなどということを誰にも頼みませんでした。学校の教師や町役場の事務員として働いたりせず、仏教者としての道をただ守っていただけでした。

私は寺の畑で野菜やさつまいもを育てました。私が野菜の育て方をよく知っているのはそういう理由があるのです。寺の前にかなり広い畑があって、土地を掘り起こし、石ころを全部取り出し、たい肥を入れました。何人かの村人がやってきて私を手伝ってくれました。野菜を育て、結構な収穫がありました。

ある日、近所の人がやってきて私の料理を手伝ってくれました。彼女がうちの米櫃を開けてみると、空っぽでした。私の米櫃《こめびつ》はかなりの大きさでした。彼女は驚いて、お米をいくらか持ってきてくれました。それはほんのわずかでした。彼女もあまりお米を持っていなかったのです。しかし、それから近所の人やお寺の檀家さんたちがお米を集めてくれました。私のお寺にはかなりの数の檀家さんがいましたから、たくさんのお米が手に入りました。私の寺にたくさんのお米があることがわかると、人々はお寺にやってきました。私は彼らにお米を分けてあげました。彼らにお米をあげればあげるほど、ますますたくさんのお米をもらったのです。

当時、都市に住んでいる人たちのほとんどは農家に行って持っているものをジャガイモ、お米、さつまいも、かぼちゃといった食べ物と交換していました。しかし、私にはそういう困難は少しもありませんでした。たいていは食べ物が充分にあったのですが、他の人たちと違うものを食べることにあまりいい気持ちがしませんでしたから、彼らが食べているものと同じものを食べるようにしました。私たちが戦時中に食べていたものに比べれば、ここタサハラの食べ物は素晴らしく、味が濃く、豊富です。ですから食べ物に関して私は何一つ不平を言ったことがありません。私たちのやり方を厳密に守っているなら、仏に守られるであろうことは間違いありません。人々を信頼し、仏を信頼しましょう。

先の戦争からこのかた、日本の僧侶たちは、葬式や年回法要を執り行うとき以外は、仏教の法衣を着るのをやめて西洋のスーツを着るようになりました。私はそれがいいことだとは思っていません。ですから私はいつも法衣を着ています。私がアメリカに来たころ、海外に行く僧侶はみんないいスーツを着て、ぴかぴかの靴を履いていました。仏教を布教するにはアメリカ人のようでなければならないと考えたのです。彼らの頭はぴかぴかしていませんでした。髪は、剃《そ》るのではなくて、かなり長く伸ばし、櫛《くし》でよくとかれていました。彼らがどれほど最上のスーツや最上の靴を買ったとしても、日本人はどこまでいっても日本人です。決してアメリカ人にはなれません。それにアメリカ人たちは、日本人がスーツや靴を履くそのやり方のどこかに間違いがあることをきっと見つけるでしょう。それが、私がアメリカに来たときスーツを着ていなかった理由の一つです。

もう一つの理由は、道元禅師が、私たちは内側からしっかり支えられていると言っているのにもかかわらず、僧侶たちが自分自身を支えるために法衣からスーツに服装を変えたことに私が失望したからです。それは「法輪と食輪が永遠に円滑に回っていきますようにと祈る」と私たちが言うときの精神です。このような儀式はブッダと阿羅漢たちから受けた慈しみに対して報恩の誠を捧げるために行われるのです。ブッダや阿羅漢とは自らの修行だけに拠って自分たちを支えた人たちのことです。彼らが持っていたのと同じ精神を持って修行することによって阿羅漢への敬意を示しているなら、私たちもまた同じように護られていくでしょう。

道元禅師は「あらゆる人々、感覚を持ったすべての存在〔一切衆生〕、この世にあるすべてのものと一緒に、この宇宙という舞台で、道を修行するのでなければ、それは仏道ではない」と言います。特に、お経を読誦したり、儀式を執り行うときには、そこに坐禅修行の精神がいつも私たちとともに存在していなければなりません。それは二元的あるいは利己的な精神ではなく、平静で深い、強い確信を伴った精神です。

そのような仕方で修行するとき、私たちはいつでも、カルマの活動がない仏の世界全体と一つになっています。そして、私たちの日常生活はあらゆるところに浸透している力によって護られていきます。仏の世界で起きているのは仏の活動だけです。法（ダルマ）の世界の領域には仏の活動しかありません。ですから、私たちはどのようなカルマも作りださないのです。私たちはカルマの世界を超越しています。このような精神と理解を持って、私たちは道を踏み行うのです。

もし、時間の観念や物質的な世界のことをなんとかしようという考えにあまりにも巻き込まれると、私たちは道を失ってしまうでしょう。二元的な修行に完全に巻き込まれたり、忙しい俗世での忙しい生活に巻き込まれたりすれば、僧侶はもはや僧侶ではいられなくなります。そうなればもはや僧侶は存在しなくなります。たとえ僧侶がいたとしても、彼らは僧侶の道を修行しているのではありません。ですから、仏教者はどこまでも仏教者であるべきです。仏教者がほんとうに仏教者になるとき、その人は仏教者として護られていくでしょう。

どうもありがとう。

16 直観を開きなさい

Open Your Intuition

生得の本性を開き、心の底から何かを感じるためには、沈黙のままでいることが必要になるのです。このような修行を通して、教えがもっと直観的に理解できるようになります。話をしないというのは耳が聞こえないとか口がきけないということではなく、直観に耳を澄ませるということなのです。

…To open your innate nature and to feel something from the bottom of your heart, it is necessary to remain silent. Through this kind of practice you will have a more intuitive understanding of the teaching. Not to talk does not mean to be deaf and dumb, but to listen to your intuition.

接心の目的は、修行を安定したものへと発達させることにあります。接心では、言葉によるコミュニケーションを行いません。しかし、他の人々と一緒にいることは大きな励ましになります。言語的なコミュニケーションはともすると皮相的なものになりがちです。しかし、言葉を発しないでいると、みなさんの間で深いコミュニケーションが促され、心がとても繊細になっていきます。沈黙を守ることで直観が開かれるのです。五日間にわたって話をしないでここにとどまることは、もうそれだけですでにたいそう意味のあることなのです。そういう理由で、私たちは話をしないのです。

一時的な関心に基づいた皮相的な会話に関わっているとき、みなさんのほんとうの気持ちは覆われてしまいます。ですから、生得の本性を開き、心の底から何かを感じるためには、沈黙のままでいることが必要になるのです。このような修行を通して、教えがもっと直観的に理解できるようになります。話をしないというのは耳が聞こえないとか口がきけないということではなく、直観に耳を澄ませるということなのです。

同じことは読書についても言えます。読んでいることに興味を感じるようになったら、直観は開かなくなります。ですから、接心中は読書しないようにしています。それは暗闇の中に自分を閉じ込めておくということではありません。読書をしないことによって、直観が開くように促しているのです。

公案の修行をしているとしても、話したり読んだりする必要はありません。特に初心者にとっては、沈黙を守ったり、新聞を読まないでいることは、難しいかもしれません。たまらなく退屈に感じるかもしれません（笑）。しかし、それでも修行を続けなくてはなりません。接心では、新しい修行者たちが深く修行できるように古参の修行者たちがすべてのことを世話してくれます。

ただ坐りなさい。そして何が起きるかを見るのです。指示に従って、正しい姿勢を保つように努めなさい。そして規則に従いなさい。規則に従うことでみなさんは自分自身を見出します。今何時なのか、いつ食事をするか、どのように歩くかを規則が教えてくれます。規則がなければ、そしてみなさんの世話をしてくれる人が一人もいなければ、修行するのはかなり困難なものになります。ですから、規則というのは大きな助けとなるのです。規則もなく、何もしないで五日間部屋の隅に坐っているより、規則があるほうがよほどましです。規則はみなさんを拘束するものではなく、修行を支えてくれるものなのです。

呼吸に随う随息観、呼吸を数える数息観、あるいは公案修行など、修行にはさまざまなやり方があります。今回の接心では随息観をお勧《すす》めしたいと思います。随息観が難しいと感じる人がいれば、数息観が助けになるでしょう。そうすれば、自分が何をしているかが厳密にわかるでしょう。もし修行を見失ったときには、すぐにそれと気がつくでしょう。

随息観を修行している場合には、自分の呼吸をもっとゆっくりにしようとしたり、もっと深くしようとしたりといった、ことさらな努力をしてはいけません。ただ自分の息に随うだけにしておけば、自分で調整しようとしなくても、自然にみなさんの呼吸は修行にピッタリの適切なものになっていきます。

いろいろな指示が与えられますが、それらはみなさんの修行を助けるためのものです。何か特別な修行をみなさんに強制するために、そういう指示を与えるのではありません。これをするべきだ、あれはするべきではないといったことではないのです。みなさんはいろいろな指示を受けますが、修行はすべてみなさん次第なのです。

どうもありがとう。

17 自分で見つけなさい

Find Out for Yourself

何が起ころうとも、それが良いとか悪いとか思っても、自分が見出したものを綿密に学び、そして見なさい。これが根本的な態度なのです。上手、下手にかかわらず絵を描く子供のように、時にはこれといった理由なしに何かをすることがあるでしょう。それがみなさんにとって難しいのなら、それは実はみなさんがまだ坐禅をする準備ができていないのです。

Whatever happens, whether you think it is good or bad, study closely and see what you can find out. This is the fundamental attitude. Sometimes you will do things without much reason, like a child who draws pictures whether they are good or bad. If that is difficult for you, you are not actually ready to practice zazen.

坐禅でもまた人生でも、みなさんはたくさんの困難や問題に出会うでしょう。問題があるときには、どうして自分にそういう問題が起きたのか、それを自分で見つけることができるかどうかを考えてください。みなさんはたいてい、最善のやり方でなるべく早く困難を解決しようとします。自分でそれを学ぼうとするよりは、なぜ自分に問題が起きているのかを誰かに尋ねます。そういうアプローチは普通の生活に関してはうまくいくかもしれませんが、禅を学びたいのならば、役には立ちません。

誰かから何かを聞き、それがわかったと思ったとたんに、みなさんはそれに固執し、自分らしさが充分に働く可能性を失ってしまいます。何かを探し求めているときには、暗闇の中で枕を手探りしているかのように、みなさんの本性は全面的に働いています。どこに枕があるかがわかったら、もはや心は全面的には働きません。心は限られた感覚の中で作動しています。枕がどこにあるのかわからないで枕を探しているときには、みなさんの心はあらゆるものに対してオープンな状態になっています。そのようにして、みなさんはあらゆるものに対してより繊細な態度を持つようになります。そしてものごとをあるがままに（things as it is）見るようになります。

何かを学びたいのなら、答えが何であるかを知らないほうがましです。誰かに教わったことに満足していないからこそ、誰かにお膳立てされたものには頼れないからこそ、どうやってそれを学んだらいいのかを知ることなく仏教を学んでいるのです。そのようにして、「仏性」「修行」、あるいは「悟り」がほんとうは何を意味しているかを自分で見出すのです。

みなさんは自由を求めているのですから、いろいろなやり方を試します。もちろん、時には時間を無駄にしたとわかるかもしれません。禅匠がお酒を飲むとしたら、悟りを得るのにいちばん良い方法はお酒を飲むことだと思うかもしれません。でも、その禅匠のようにいくらたくさんお酒を飲んだところで、みなさんが悟りを得ることはありません。時間を無駄にしたように見えるかもしれませんが、それでもそういう態度は大切です。そうやって見つけようという努力を続けていれば、ものごとを理解する力がもっと強くなるでしょう。何をするにしても、時間を無駄にすることにはなりません。

限定された考えや限定された目的を持って何かをするとき、みなさんの得るものは具体的な何かです。しかし、それはみなさんの内的な本性を覆い隠してしまいます。ですからそれは、何を学ぶかという問題ではなく、ものごとをあるがままに見る、あるいはものごとをあるがままに受け入れるという問題なのです。

みなさんのなかには、自分の気に入るようなことだけを学んでいる人がいるかもしれません。そういう人は自分の気に入らないものは無視します。それはわがままなやり方です。それはまたみなさんの学ぶ力を限定してしまいます。良きにつけ悪しきにつけ、大きいにせよ小さいにせよ、私たちが学ぶのは、なぜあるものはそんなにも大きく、なぜあるものはそんなにも小さいのかを発見するためです。なぜあるものはとても良いのに、なぜあるものはそれほど良くないのか？　もしみなさんが良いものばかりを発見しようとするなら、何かを見逃すでしょうし、自分の能力をいつも限定していることになります。限定された世界に住んでいると、ものごとをありのままに受け入れることはできません。

もしたとえ禅匠が二人か三人の弟子しか持っていなかったとしても、彼は弟子たちに私たちの道のことについてその詳細を教えたりはしないでしょう。禅匠と一緒に学ぶ唯一の方法は、その人と一緒に食べ、一緒に話し、一緒にすべてのことをやることです。禅匠をいかに補佐すべきかを誰か他の人から教わることなく、禅匠を補佐するのです。その禅匠はたいてい機嫌が悪そうに見え、いつもこれといった理由もないのにみなさんを叱ります。その理由が思い当たらないので、みなさんもうれしくはないし、彼もうれしそうではありません。もし彼のもとでほんとうに学びたいと思うなら、その人のことをどうやって喜ばせるか、彼との生活をどのようにしたら楽しいものにできるかを学ばなければなりません。

このような修行のやり方はとても古臭いものだと言うかもしれません。たぶんそうかもしれませんん。しかし、日本においてかつてそうであったのとそっくり同じというわけではありませんが、西洋文明においても、このような生活をしていたときがあったのではありませんか？　人々が師匠との間にいろいろな困難を持っていた理由は、私たちが学ぶための一つの特定の方法というものが存在しないからなのです。私たち一人一人はそれぞれが他の人とは違っています。ですから状況に応じて、やり方を変えなければなりません。一つのものにしがみついていることはできないのです。唯一のやるべきことは新しい状況下において、行動するための適切なやり方を発見することです。

たとえば、朝私たちは掃除をします。充分な数の雑巾やほうきがありませんから、全員が掃除に参加することはほとんど不可能です。こういう状況の下でも、やるべき何かを見つけ出すことはやはり可能なのです。私はみなさんをあまり叱ったりはしません。しかし、もし私が厳格な禅匠だったら、みなさんを見てとても怒るでしょう。みなさんがあまりにも簡単にあきらめてしまうからです。「ああ、無理だ。掃除のための道具が足りない」「私がやることは何もない」。こういうふうに考えがちです。そして簡単にあきらめてしまいます。このようなときは、どのように修行したらいいかを見つけようと、一生懸命努力してください。とても眠いときには、「休んだほうがいい」と考えます。確かに、それがいい場合もあります。しかし、同時に、それは修行するための絶好のチャンスかもしれません。

私が永平寺で師匠の補佐をしているとき、彼は私に何も教えてくれませんでした。しかし、私が間違いを犯したときには、私を叱りました。通常、戸を開けるときには右側の戸を開けるのですが、私がそのようにして開けると、叱られました。「そんなふうに開けるな！　そっち側じゃない！」それで次の朝は、もう一方の側を開けました。するとまた叱られました。私はどうすればいいのか、わからなくなってしまいました。後になって、右側の戸を開けたあの日は師匠の客人が右側にいたことを知りました。ですから、そのときはもう一方の側の戸を開けるべきだったのです。戸を開ける前に、私は客人がどちら側にいるかを注意深く見つけるべきだったのです。

師匠の世話をする役割に任命された日、お茶を出しました。普通は茶碗の八割くらいまでお茶を入れます。それが決まりですから。私は、八割か七割くらいまでお茶を入れて出しました。すると師匠は「熱いお茶をくれ。とても熱くて濃いお茶を茶碗にいっぱい入れなさい」と言いました。次の朝、客人が何人かいたので、全部の茶碗に熱くて濃いお茶を、茶碗のほとんど九九パーセントくらいまで入れて、出しました。叱られました！　実際には決まりなどないのです。師匠本人は茶碗の縁《へり》までいっぱい入ったとても熱くて苦いお茶がお好みでしたが、ほとんどすべての客人たちは熱くて苦いお茶は好きではありませんでした。師匠には苦くて熱いお茶を、客人に対しては通常のやり方でお茶を出すべきだったのです。

師匠は私たちに何も教えてくれませんでした。目覚ましの鐘〔振鈴〕よりも二〇分前に起きると、「そんなに早く起きるんじゃない！　わしの眠りの邪魔になるではないか」と叱られました。たいていは、いつもより早めに起きても問題などなかったのですが、師匠に対してはそれはあまりいいことではなかったのです。決まりごとや偏見なしに、ものごとをもっとよく理解しようと努力する、それが「無私」（selflessness）ということです。何かが「決まり」であると言いますが、決まりはもうすでに自分勝手な考えなのです。実際には決まりなどありません。ですから「これが決まりだ」と言うとき、他人に何かを、決まりを、強制しているのです。

あまり時間のない場合や、あるいは親切なやり方でもっと親身に人を助けることができない場合に限って決まりが必要になります。「これが決まりだから、そうするべきだ」と言うことは簡単です。しかし実は、それは私たちのやり方ではありません。初心者に対しては、たぶん、指示は必要です。しかし熟達した者には私たちはあまり指示を出しません。彼らはいろいろなやり方を試します。それが可能な場合は、私たちは指示を一人一人、個別に与えていきます。それは現実にはなかなか難しいですから、グループに指示を与えたり、今ここでやっているように講話をしたりしています。でも、講話で聞いたことに固執しないでください。私がほんとうに言いたいことについて考えてください。

私は、みなさんをあまり手助けできないことを申し訳なく思っています。しかし真の禅を学ぶやり方は言葉によるものではありません。ただ自分を開いて、あらゆるものを手放すのです。何が起ころうとも、それが良いとか悪いとか思っても、自分が見出したものを綿密に学びそして理解しなさい。これが根本にあるべき態度なのです。上手、下手にかかわらず絵を描く子供のように、時にはこれといった理由なしに何かをすることがあるでしょう。それがみなさんにとって難しいのなら、それは実はみなさんがまだ坐禅をする準備ができていないのです。

実はまかせる対象などないのですが、それがまかせるということが意味することです。特定の決まりや理解に固執して自分自身を失うことなく、一瞬一瞬自らを見出し続けなさい。それがみなさんのなすべき唯一のことなのです。

どうもありがとう。

18 自分に優しくありなさい
Be Kind with Yourself

私たちは、温かい（思いやりのある）心、温かい坐禅を重視します。私たちが修行において感じる温かい気持ちというのは、言い換えれば、悟り、仏の心なのです。

We put emphasis on warm heart, warm zazen. The warm feeling we have in our practice is, in other words, enlightenment or Buddha's mind.

私はみなさんにほんとうの修行についての実感を持ってもらいたいと思っています。というのは、私は若いころ坐禅の修行をしましたが、いったいそれが何なのか正確にはわかっていませんでした。時には永平寺とかその他の道場で行われている修行に大変感銘を受けたこともありました。偉大な師を見たり講義を聞いたりすると、心を動かされました。しかし、そういう経験が何であるのかを理解することは難しかったのです。

私たちがめざしているのは、修行の瞬間瞬間に、完全な経験をすること、あるいは最大限に感じることです。私たちが教えているのは悟りと修行は一つだということ〔修証一等〕ですが、私のかつての修行はいわゆる「梯子禅《はしご》」でした。「今はこれだけわかった、来年はもうちょっとわかるだろう」と考えていたのです。このような修行はあまり意味がありません。いつまでも満ち足りることがないからです。梯子的な修行をやってみれば、たぶんみなさんもそれが間違いだということがわかるでしょう。

もし修行において、温かい、大きく満ち足りた気持ちが湧いてこないなら、それはほんとうの修行ではありません。たとえ正しい姿勢で坐るように努め、息を数え、坐禅をしても、それはいのちの通わない坐禅です。みなさんは指示に従ってただそうやっているだけだからです。それでは自分自身への優しさが充分ではありません。みなさんは、師から与えられた指示に従いさえすれば、いい坐禅ができると考えていますが、指示が目的としているのは自分自身に対して優しくあるように仕向けることなのです。ただ単に思考を避けるためだけに息を数えるのではなく、呼吸をなによりも大切に扱うために息を数えるのです。

一呼吸また一呼吸と、自分の呼吸にとても優しく接していると、坐禅のなかでさわやかで温かな気持ちが湧いてきます。自分の体や息に対して温かな気持ちがあるなら、自分の修行を大切に扱うことができます。そして完全に満ち足りた気持ちがするでしょう。自分自身に対してとても優しくしているとき、自然とそういう感じがしてくるのです。

母親は、どうしたら赤ちゃんを機嫌よくさせられるかまったくわからないときでも、赤ちゃんの世話をします。それと同じように、自分の姿勢と呼吸の世話を心を込めて行うとき、そこには温かな気持ちがあります。修行のなかに温かな気持ちがあるとき、それは大きな仏の慈悲の好例です。みなさんが僧侶であろうと在家であろうと、この修行はみなさんの日常生活へと拡張していきます。自分が行うことを最大限大切にするなら、それは心地よく感じられるものです。

洞山良价《とうざんりょうかい》は何度も悟りを得た人でした。あるとき、川を渡っていて、水の表面に自分が映っているのを見ました。そこでこういう詩（過水の偈）を作りました。「自分が誰であるのかを解明しようとしてはならない。もし自分が誰であるかを解明しようとするなら、自分が理解したものはほんとうの自分からは遠いものだ。それは自分のイメージを持ったにすぎない〔切に忌む他に随って覓《もと》むることを、迢迢《ちょうちょう》として我《わ》れと疎《そ》なり〕」。現実にはみなさんは川の中にいます。水に映ったのはただの自分の影、映像にすぎないと言うかもしれません。しかし、温かな気持ちを持って注意深くそれを見るなら、それはやはり自分なのです。

みなさんは、自分は温かい心の持ち主だと思っているかもしれません。しかし、それがどのくらい温かいのかを理解しようとしても、実際にはそれを計ることはできません。しかしそれでも、鏡や水に映った自分を温かい気持ちで見るなら、それは現にみなさん自身なのです。みなさんが何をしようと、みなさんはそこにいます。

みなさんが温かい心で何かをするとき、文殊《もんじゅ》菩薩、つまり智慧の菩薩がそこにいます。そしてほんとうの自分がいます。文殊菩薩はどこにいるんだろう、彼は何をしているんだろうと考える必要はありません。温かい心で何かをするということがほんとうの修行なのです。それがものごとを大切に扱うということですし、人々と交流するということなのです。

　みなさんのなかには僧侶もいれば、そうでない人もいます。一人一人がそれぞれ独自の道を歩いていくでしょう。結婚していない人も結婚している人も、それぞれが独自のやり方で自分の修行を日常生活へと拡張していきます。私たちの置かれている状況はそれぞれで異なっていますが、行う修行は同じです。私たちすべてが文殊菩薩に出会います。文殊菩薩は一人ですが、あらゆる人、あらゆるものと一緒にあらゆる場所にいます。みなさんが何をしようと、どのような修行をしようと、文殊菩薩がそこにいます。その秘訣は、あらゆるものの世話をしている仏の真の慈悲を忘れないでいることです。この点を見失うと、何をやったとしても理にかなったものにはなりません。

　ですから私たちは、温かな心、温かな坐禅を重視するのです。私たちが修行において感じる温かな気持ちというのは、言い換えれば、悟り、仏の慈悲、仏心なのです。それは単に呼吸を数えるとか、呼吸に随うというだけの問題ではありません。もし呼吸を数えるのが退屈だというなら、息に随うだけのほうがいいかもしれません。しかし、大事なのは、入息においても出息においても、ちょうど母親が赤ちゃんを見守るように、息を大切にするということです。もし赤ちゃんが微笑《ほほえ》むなら、母親もまた微笑みます。もし赤ちゃんが泣いたら、母親は心配します。そういう親密な関係、修行と自分が一体になっていることが大事な点なのです。私は何も目新しいことを言っているのではありません。昔から言われているのと同じことを言っているだけです！

　私たちの道場の規則は親切で優しい、温かな心に根ざしたものです。そういう規則はみなさんの自由を拘束するためにあるのではなく、みなさん独自のやり方で振る舞い、行動する自由を与えるためにあるのです。規則にそっくりそのまま従うことはそれほど重要ではありません。実際は、みなさんがときどき規則を破ったら、私たちはみなさんのどこが間違っているかを知り、みなさんの師匠は、みなさんを批判することなくもっと正確にみなさんを援助することができるでしょう。そうやって、自分の欲望や日常生活をうまく調御していくために自分の修行を向上させていくのです。そうすればあらゆるものからの大きな自由を得ることができるでしょう。僧侶にとっても在家者にとっても、それこそが私たちの修行の目標なのです。

　どうか自分の修行を大切にしてください。自分に優しくありなさい。

　どうもありがとう。

19 ものへの敬意

Respect for Things

私たちはものに敬意を払うのではなく、ものを自分のために使いたがります。そして、もし使うのが難しいときは、それを征服しようと望みます。

Instead of respecting things, we want to use them for ourselves, and if it is difficult to use them, we want to conquer them.

私たちの坐禅修行においては考えごとをやめ、感情的な活動から自由になります。それは、感情的活動がなくなるということではありません。感情的な活動から自由であるということです。考えごとがまったくないというのではなく、私たちの活動が思考する心（thinking mind）によって限定されないのです。要するに、考えることもなく、感じることもなく、良い、悪い、正しい、間違いを分別しないで、自分自身を完全に信頼するのです。自分自身を大切にするからこそ、自分の人生に対して信を置くからこそ、坐るのです。それが私たちのしている修行です。

敬意と完全な信頼に基づいて生きているなら、私たちの人生には完全な平安があります。私たちと自然との関係もそのようなものであるべきです。あらゆるものに敬意を払わなければなりません。あらゆるものとの関わり方において、それらのものに敬意を払う修行をすることができます。

今朝、私たちが坐禅堂でお拝〔五体投地の礼拝行〕をしているとき、上のほうで大きな物音が聞こえました。上の階にある食堂で人々がタイル張りの床の上で、椅子を持ち上げないでそのまま押して移動させていたからです。それは椅子を扱う適切なやり方ではありません。その理由は、下の階の禅堂でお拝をしている人たちの邪魔になるからというだけではなく、根本的に言って、それは敬意を込めて物を扱うやり方ではないからです。

椅子を移動させるのに床の上に置いたまま押すというのは、なるほどやりやすいかもしれません。しかし、そういうやり方は私たちに不精な感じを抱かせます。もちろんそのような不精さは私たちの文化の一部です。こういう不精さはめぐりめぐって最終的にはお互いの間での争いの原因になるでしょう。私たちはものに敬意を払うのではなく、ものを自分のために使いたがります。そして、もし使うのが難しいときは、それを征服しようと望みます。このような考えは修行の精神に沿ったものとは到底言えません。

私の師であった岸沢惟安《きしざわいあん》老師は、私たちに雨戸を一度に一枚しか動かすことを許しませんでした。みなさんは雨戸というものをご存じですか？　障子の外側にある木製の戸で、障子を嵐から守るために取り付けられています。建物の端にその雨戸をしまう大きな箱があります。雨戸というのは横に滑らせて動かす戸なので一人の僧侶が五枚か六枚まとめて動かすのは簡単にできます。そしてもう一人の僧侶が箱のところで待っていて、押されてきた雨戸を箱にしまうのです。しかし、私の師はそういうやり方が嫌いでした。彼は雨戸はまとめてではなく、一枚一枚動かすようにと私たちに言いました。ですから私たちは一枚ずつ滑らせて箱にしまいました。一度に一枚だけです。

あまり音を立てないようにして、椅子を注意深く一脚一脚持ち上げるとき、食堂には修行の雰囲気が漂います。もちろんあまり物音が立ちませんが、それだけではなく、その場の感じがまったく違ってきます。こういうやり方を修行するとき、私たち自身が仏なのです。そして、私たちは自分自身に敬意を払っています。椅子に対して配慮するということは、私たちの修行が坐禅をする禅堂を超えてその外へと広がるということを意味しています。

美しい建物があるから修行が容易だと思っているなら、それは間違いです。顔立ちのいい仏像があり、仏殿を飾るために美しい花を供えるといったここのような環境では、強い精神を持って修行するということは実は大変難しいことなのです。私たち禅仏教者には、「たった一枚の草の葉で一六フィート〔約五メートル弱〕の高さの黄金の仏を作る〔一本の草の葉を取ってこれを丈六の金身仏に変ずる〕」という表現があります。それこそが私たちの精神です。ですから、ものへの敬意を持って修行しなければなりません。

だからといって、大きな像を作るためにたくさんの葉や草を蓄えるべきだと言っているのではありません。しかし、小さな葉の中に大きな仏を見ることができるようになるまで、私たちはさらにいっそうの精進をしなければなりません。どのくらいの精進をすればいいのか、私にはわかりません。とても簡単なことだと思う人がいるかもしれませんが、私のような人間には大変な努力が必要です。大きな黄金の仏の中に大きな黄金の仏を見るのはもっと簡単ですが、一枚の草の葉の中に大きな黄金の仏を見るとき、その喜びは特別なものでしょう。ですから、私たちは大いなる努力を持って敬意を払う修行をする必要があります。

この禅堂では、経験を積んだ修行者であろうが禅について何も知らない人であろうが、どんな人でもやってきて私たちの道を修行することができます。どちらの人もいろいろな難しさを経験するでしょう。新しい修行者は想像することさえできなかったような難しさに出会うでしょう。古くからの修行者は自分の修行をすることに加えて修行を始めたばかりの人たちを励ますという二つの責務を持つことになります。古くからの修行者は、新しい修行者たちに向かって、「これをやりなさい」とか「あれはしてはいけない」と教えることなしに、私たちのやり方を彼らがもっと容易に修行できるよう、導いていかなければなりません。

新しい修行者は仏教がどのようなものなのか、まだわかっていませんが、美しい仏殿に入ったときには自然と心地よい感じを持ちます。それこそが仏の土地〔仏土〕の荘厳《しょうごん》（仏像や仏堂をおごそかに飾ること）なのです。しかし、とりわけ禅仏教者にとっては、ほんとうに仏殿を荘厳するのは、そこで修行している人々の姿なのです。私たち一人一人が美しい花でなければなりません。私たち一人一人が仏であり、人々を修行へと導く存在でなければならないのです。何をするにしても、それをどのように行うかということに配慮します。ものをどのように取り扱うべきか、他人とどのようにして仲良くするべきかということについての特別な決まりなどありませんから、何が人々が共に修行する助けになるのかを学び続けるのです。この点を忘れることがなければ、人々をどう扱うか、ものをどう扱うか、自分自身をどう扱うかを、見つけることができるでしょう。

これが菩薩の道と呼ばれるものです。私たちの修行は人々を助けることです。人々を助けるために、それぞれの瞬間において私たちのやり方をどのようにして修行するべきかを見出すのです。坐禅のとき、思考をやめ、感情的活動から自由になるというのは単なる注意集注の問題ではありません。それは全面的に自分を頼りとし、自らの修行に絶対的な拠りどころを見出すことなのです。私たちはちょうど母親の膝の上にいる赤ん坊のようなものです。

私たちが今坐っているこの禅堂にはとても良い精神が漂っていると思います。私はこの精神にかなり驚いています。しかし、次になされるべき問いは、この精神をどのようにして日常生活へと拡張していくか、ということです。みなさんは、ものに敬意を払い、お互いに敬意を払うことによってそれを行うのです。ものに敬意を払うとき、そのもののほんとうのいのちを見出すからです。植物に敬意を払うとき、その植物のほんとうのいのち、花の力強さと美しさを見出します。

愛は重要です。しかし、もしその愛が敬意と誠実さから切り離されたものであるなら、それはうまく働きません。大いなる心（big mind）、そして純粋な誠実さと敬意が伴って初めて、愛はほんとうに愛になることができます。ですから、お互い一生懸命に努力して、一枚の草の葉を大きな仏（big Buddha）にする道を見つけましょう。

どうもありがとう。

20 戒律を守る

Observing the Precepts

戒律を守ろうという努力をすることなしに戒律を守っている、それがほんとうに戒律を守っているということなのです。

When you observe the precepts without trying to observe the precepts, that is true observation of the precepts.

結跏趺坐《けっかふざ》の姿勢では、まず右脚を左脚の上に乗せ、次に左脚を右脚の上に乗せます。右側は活動を、左側はその反対の心の静けさを、象徴的に表しています。もし左側が智慧なら、右側は修行です。脚を組むと、どちらがどちらかわからなくなります。ですから二つありますが、象徴的には一つなのです。私たちの姿勢は右、左、後ろ、前、どの方向にも寄りかからず鉛直《えんちょく》にまっすぐです。これは二元性を超えた教えを完全に理解していることを表しています。

これを延長していけば、自然に戒律を得て、どのようにしてそれを守るかを学ぶことにつながっていきます。坐禅のこの姿勢は単なる訓練ではなく、ブッダの教えを私たちに伝える実際のやり方なのです。ブッダの教えを現実のものとするには言葉だけでは充分ではありません。それは活動を通して、あるいは人間と人間の関係を通して伝えられるのです。

戒律に加えて、師と弟子の関係があります。弟子は師を選ばなくてはなりません。そして師は弟子を受け入れます。しかしときには、その師が別の師を勧めることもあります。師たち同士の間にはいかなる葛藤があってもいけません。もしある師が別の師のほうが自分よりも適任だと思うなら、弟子にその人のほうを勧めるのです。

いったん弟子になったなら、道を学ぶことに自分を打ち込まなくてはなりません。はじめは弟子として、仏教を学びたいからではなく、それとは別の理由でその師のもとで修行したいと思うかもしれません。しかし、それは問題ではありません。いいですね。自分の師に対して完全にわが身を投げ出すなら、きっとわかるでしょう。みなさんは師の弟子となり、私たちの道を次へと伝えていくことができます。この師と弟子の関係は大変重要です。同時に、師にとっても弟子にとっても、ほんとうの意味で師であり弟子であることは容易なことではありません。ですからどちらも最善を尽くして努力しなければなりません。

師と弟子はいろいろな儀式を一緒に行います。儀式は単なる訓練以上のものです。儀式を通して、私たちは意思を疎通させ、ほんとうの意味における教えを伝えます。そこでは無私性(selflessness)が強調されます。一緒に修行するとき、自分の修行のことは忘れます。それはそれぞれの個人の修行ですが、しかし相手の修行でもあるのです。たとえば、お経をあげるとき、「耳でお経をあげろ」と言います。自分の口はそうやって、自分の修行をやりながら、他の人のお経を耳で聞くのです。そこには、ほんとうの意味での完全な吾我（自己に執着する心）のなさ（egolessness）があります。

吾我がないといっても、それは自分個人の修行を放棄するということではありません。ほんとうに吾我がないときには、吾我のなさのことは忘れています。「私の修行には吾我がない」と思っている限り、それはまだ吾我にこだわっているということです。吾我中心の修行を放棄することにこだわっているからです。自分の修行を他者と一緒に行うとき、ほんとうの吾我のなさが生まれます。その吾我のない在り方というのは単なる吾我のなさだけではありません。それはまた吾我の修行も含んでいますし、同時に、吾我があるとか吾我がないとかいったことを超えた、吾我のなさを修行することでもあるのです。わかりますか？

戒律を守るということについてもこれと同じです。戒律を守ろうとして努力するなら、それは戒律をほんとうに守っていることではありません。戒律を守ろうという努力をすることなしに戒律を守っている、それがほんとうに戒律を守っているということなのです。私たちの内奥の本性が私たちに手を貸してくれます。内奥の本性の表現として戒律を理解すれば、それが「あるがままの道（the Way as it is）」です。そうなれば、もう戒律は存在しません。私たちが内奥の本性を表現しているとき、いかなる戒律ももはや必要ありません。ですから戒律を守っているということもありません。一方で、私たちにはそれとは対極の性質もあります。だから、戒律を守ろうという思いを持つのです。戒律を守る必要性が私たちを手助けしてくれると感じます。戒律をこのような否定的、あるいは禁止的な意味で理解するのもまた、私たちの本性が花開くことなのです。ですから私たちにはどのように戒律を守るかについて、一つは否定的な、もう一つは肯定的な選択があるのです。また、とてもすべての戒律を守ることができないと感じるなら、取り組むことができると感じられる戒律を選んでもよいのです。

戒律というのは誰かによって制定された規則ではありません。人生というのは私たちの本性の表現ですから、その表現にどこかおかしいところがあれば、仏が「そうじゃないよ」と言ってくれます。それがみなさんの戒律になるのです。最初にあるのは、規則ではなく、実際の出来事あるいは事実です。ですから、自分の戒律を選ぶチャンスがあるというのが戒律の持つ性質なのです。こういう方向に行けばこういう戒律を持ち、また別な方向へ行けばまたそれとは別な戒律を持つのです。どの方向へ行くかはみなさん次第です。どちらの方向へ行っても戒律があります。最初は自分の師に頼らなければなりません。それが最善です。そして、禁止的な戒律に従うことから始めます。私たちのやり方になじんできたら、戒律をより肯定的に守るようになっていくでしょう。

師がどのようにして弟子の誤りを指摘するかということは大変重要です。もし、弟子のしたことが誤りであると師が思ったなら、その師はほんとうの師ではありません。確かにそれは間違いであったかもしれませんが、一方ではそれは弟子の本性の表現でもあります。このことを理解できれば、弟子の本性に対して敬意が持てるようになります。そうすれば、誤りをどのようにして指摘するかについて配慮するようになります。

仏典ではその場合どのように配慮するべきかということについて、五つのポイントが挙げられています。第一は、適切な機会を選ばなければならないこと、そして多くの人々の面前で弟子の誤りを指摘してはならないということです。もし可能なら、師は、適切な時間と場所で個人的に、弟子の誤りを指摘します。第二に、師は事実に即していなければならないことです。つまり、師本人が誤りであると思うという理由だけで弟子の誤りを指摘してはならないということが挙げられています。なぜ弟子がそういうことをしたのかを理解するなら、師は事実に即していることができます。

第三の注意事項は、師は穏やかで平静であり、叫んだりするのではなく低い声で話すことです。これは先に述べた事実に即していることと同じように大変繊細なことです。しかし仏典はここで、誰かの誤りについて語るときは、平静で穏やかな態度を持つことを強調しています。

第四の注意事項は、弟子の手助けをするという目的のためだけにその誤りについて忠告したり指摘したりするということです。師が弟子の誤りを指摘するのは、自分の胸（心）の中から何かを取り除くだけのためにそういうことをするのではありません。ここで、師は、弟子が自分のやったことについての言い訳をしようとしていることや、あるいは弟子があまり真剣ではないといったことを見て取り、大変注意深くしています。弟子がもっと真剣になるまで無視していなければなりません。弟子を手助けするためだけに忠告を与えるのだとしても、それはいつでも弟子に対して甘い態度で接するということではありません。時には弟子に対して非常に毅然とした態度で臨まなければなりません。さもなければほんとうの意味で弟子を手助けすることなどできないからです。

最後の注意事項は、師は慈愛の心を持って、弟子の誤りを指摘しなければならないということです。それは師というものは単に師であるというだけではなく、弟子の友人でもあるということです。友人として師は問題を指摘したり、忠告を与えたりするのです。

ですから、師であるということ、弟子であるということは容易なことではないのです。そして私たちは何ものにも、戒律にさえ頼ることはできません。お互いに助け合うことに最大限の努力を払わなければなりません。私たちは、戒律のためだけに戒律を守ったり、儀式の完璧さを求めて儀式をしたりするのではありません。自分の本性をどのように表現するかということを学修しているのです。

どうもありがとう。

21 純粋な絹、鋭い鉄

Pure Silk, Sharp Iron

糸が真っ白になって、織るのに充分柔らかくなるまで絹を何度も何度も洗って洗練します。……鉄がまだ熱いうちにそれを叩いて鍛えます。鉄を鍛造したり成形するためではなく、強靭なものにするために、そうするのです。

We refine silk by washing it many times so that the threads are white and soft enough to weave.... We temper iron by hitting it while it is hot —— not to forge or to shape it, but to make it strong.

先週、日曜学校の子供の一人が私が坐禅をしているところを見てこう言いました。「私にもできるわ」。彼女は脚を組んでまた言いました。「さあ、次はどうするの？ これでどうなるの？」彼女の質問はとても面白いと思いました。みなさんの多くが同じような質問をするからです。みなさんは毎日ここへやってきて禅の修行をします。そして私に聞きます。「さあ、次は何ですか？　これでどうなるんですか？」

　この点について完全には説明できないでしょう。それは答えることができるような質問ではないからです。自分自身でそれを知らなければなりません。私たちは正式な姿勢で坐ります。そうすれば、私の教えによってではなく、自分自身の身体的な実践によって、体を通して何かを経験できるからです。しかしながら、ある特定の仕方で坐ること、そしてある特定の心理的な状態になることだけでは、完全な学びとは言えません。心と体を完全に経験した後なら、それを別なやり方でも表現することができるでしょう。

　正式な姿勢にこだわることなく、いろいろなやり方で他の人々に自分の心を自然に伝えるのです。椅子に坐っていても、仕事をしていても、人と話していても、同じ心の状態を保っています。それは何ものにもこだわらないでいられる心の状態です。それが私たちのしている修行の目的なのです。

　昨日、日本人のお客さんが日本文学について話していました。日本人は、紀元六〇〇年か七〇〇年ごろから、ずっと漢字と中国文化を学んできました。漢字を使いだしてからは、日本独自の表記法を確立しました。それと同じことが、ここでの私たちの修行についても起こるでしょう。日本の政権が中国文化を学ぶために中国へ学生を送ることを中止してから百年後、非常に洗練された日本文化が生まれました。とりわけ藤原時代には、素晴らしい日本文学と書が生まれています〔藤原時代とは文化史、美術史において、平安中・後期をさす。漢字からかなが生まれ『源氏物語』などの傑作が書かれ、絵や建築でも日本独自の様式が形成された」。そこには自由がふんだんにありました。芸術家や学者たちが芸術、哲学、そして宗教を学びました。彼らはさまざまな分野に挑戦し、優れた師を持っていました。

藤原時代の後に作られた作品はあまり優れたものではありませんでした。私の客人によれば、後の書の作品のなかには、あまりにも形式張りすぎていて、芸術家の吾我（ego）が表れすぎているものがあると言うのです。それらの書にはそれを書いた人の人格（personality）が表れていないのです。芸術作品のなかに見ることのできる人格は、そこに吾我があまり出てこないように充分に鍛練されたものでなければなりません。みなさんなら人格と吾我の違いを理解できるだろうと思います。吾我はみなさんの良い人格を覆い隠すものです。誰にでも性格（character）というものがあります。しかし自分自身を鍛練しなければ、性格は吾我に覆い隠されてしまいます。そうなると、自分の人格を理解することができなくなります。

長期にわたる修行と鍛練によって、私たちは吾我を除きます。日本語でこのような鍛練を表す言葉は「ねる（練る、錬る）」です。「練る」というのは糸が真っ白になって、織るのに充分柔らかくなるまで絹を何度も何度も洗って洗練することです。また「錬る」という鉄に関わる字を使うこともあります。鉄がまだ熱いうちにそれを叩いて鍛えることです。鉄を鍛造したり成形するためではなく、強靭なものにするために、そうするのです。鉄が冷めてしまってからでは、それを叩いてもうまくいきません。私たちのする鍛練もそのようなものなのです。若いときは、吾我がたくさんあります。欲望もたくさんあります。鍛練によって吾我をこすり落とし、洗い落としていきます。そうすれば、純粋で白い絹のように、とても柔らかくなります。たとえ強い欲望を持っていたとしても、もし、充分にそれを鍛えることができるなら、日本刀のような強く鋭い鉄にすることができます。そうやって、私たちは自分を鍛えていくのです。

こういうことは、私がみなさんに語って聞かせるようなことではなく、私自身の日常生活によって示さなければならない事柄です。でも私の日常生活はたいしたものではありません。みなさんが私の欠点ばかりを学ぶのではないかと心配しています。私たちは坐禅をなぜ修行するのかを知らなければなりません。そして優れたものと、見かけだけが優れて見えるものとの違いを見分けることができなければなりません。この二つには大きな相違があります。

厳しい修行を通して自分を鍛えなければ、ほんとうに優れたものを見る眼と理解する感覚を持つことはできません。多くの人たちが、優れたものを見る眼、優れたものを感じる感受性を持つようになって初めて、優れた師や弟子が存在するようになります。これは相互的な修行です。ブッダが偉大だったのは人々が偉大だったからです。人々の準備ができていなければ、ブッダは現れません。私は、みなさん全員がいずれ偉大な師になるなどということは期待してはいません。しかし、優れたものとそうでないものを見分ける眼を持たなければなりません。そのような心は修行によって得ることができます。

藤原時代でさえも、中国の文化と書は日本のそれよりもはるかに優れていました。中国人はさまざまな筆を持っており、日本人よりもはるかにたくさん筆を使っていました。日本人は筆を作る材料を、彼らに比べれば、少ししか持っていませんでした。竹はたくさんありましたが、筆を作るのに必要な羊やその他の動物がほとんどいなかったのです。ですから書の稽古は中国人よりもずっと制限されていました。しかし、日本人は、中国の書を完全に習得する以前でさえ、もうすでに独自の日本の書を書きはじめていました。私はこれは非常に興味深いことだと思っています。

歴史的に言って、仏教者たちはこの点に関して大変誠実でした。私たちが嗣法《しほう》ということを行うのはそのためです。中国の師たちは特に法を嗣《つ》ぐということを強調しました。みなさんは師のやり方から自由になる前に、まずそれを完全に身につけなければなりません。それは大変厳しい修行です。だから、禅の師になるには大変長い時間がかかるのです。それは知識ではありません。なんらかの力でもありません。大事なのは人が、純粋な白い絹や、とても鋭い鉄のようになるくらい、充分に鍛練されているかどうかということなのです。そうなったときには、何かをしようということとさらな努力をすることなく、ほんとうの意味での人格を表現することができるでしょう。その人の作品にほんとうの人格を何一つ見ることができないのなら、それはその人がまだ自分の癖のついたやり方を取り除けていないということを意味しています。

私自身の癖はうっかりしていることです。私は生来のうっかり者なのです。一三歳で師匠のもとへ行ってこのうっかりさに取り組みはじめましたが、結局それをどうすることもできませんでした。私がうっかりしているのは年のせいではありません。それは私の性向です。しかし、それに取り組むことで、ものごとを行うときの利己的なやり方を取り除くことができることを見出しました。修行や鍛練の目的が単に欠点を修正することにすぎなかったとしたら、私が成功することはほとんど不可能だったと思います。たとえそうであっても、欠点に取り組むことは必要です。それに取り組むとき、性格が鍛えられ、吾我をなくすことができるからです。

人々は私のことをとても辛抱強い人間だと言います。しかし、実際は、私はとてもせっかちな性格です。生まれつきの性格としては大変せっかちなのです。私はもはやそれを直そうとはしません。でも自分の努力がまったく無駄だったとは思っていません。多くのことを学ぶことができたからです。自分の癖に取り組むには非常に辛抱強くなければなりませんでした。自分のうっかりさが人々から批判されるときには、とても辛抱強くしていなければなりません。「ああ、彼はなんてうっかり者なんだ、彼はまったくアテにできない。彼をどうしたらいいんだろう？」

師は私を毎日叱りつけました。「このうっかり者め！」。しかし、私は自分の師とずっと一緒にいたいと思っていました。彼のもとを去りたくなかったのです。彼が言ったことなら何でも辛抱しました。そういうわけで、私は自分に対してなされる他からの批判にとても辛抱強いのです。彼らが何を言おうと、あまり気にしません。腹もあまり立ちません。このようにして自分を鍛えることがどれほど重要であるかがわかるなら、仏教がどのようなものであるかを理解できるでしょう。これこそが私たちの修行において最も重要なことなのです。

どうもありがとう。

第4部

必ずしもそうであるとは限らない

PART FOUR Not Always So

これが教えの秘訣です。そうかもしれないが、必ずしもそうであるとは限らない。言葉や規則にとらわれることなく、あまりたくさんの先入観を持たずに、何かを実際に行います。何かをすることで、教えを活かしていくのです。

“This is the secret of the teaching. It may be so, but it is not always so. Without being caught by words or rules, without many preconceived ideas, we actually do something, and doing something, we apply our teaching.”

22

必ずしもそうであるとは限らない

Not Always So

ほんとうの自由とは、この禅の法衣、このわずらわしい正式な法衣をつけていても、窮屈に感じないことです。それと同じように、忙しい生活において、無視するのでもなく、またとらわれるのでもなく、それが少しも苦にならないような仕方でこの文明を身にまとわなければなりません。

Real freedom is to not feel limited when wearing this Zen robe, this troublesome formal robe. Similarly in our busy life we should wear this civilization without being bothered by it, without ignoring it, without being caught by it.

仏教経典のなかに、水は単なる水であるだけではないことを示す有名な一節があります。人間にとっては水は水ですが、天界の存在〔天人〕にとってはそれは宝石です。魚にとっては家ですし、地獄にいる人や餓鬼にとっては血あるいは、火なのです。彼らがそれを飲もうとしたら水は火に変わり、それを飲むことができません。同じ水がさまざまな存在の在り方〔衆生〕に応じてまったく異なって見えるのです〔一水四見〕。

ほとんどの人は「水は水である」というのが正しい理解だと思っていて、それが家だったり宝石だったり、血あるいは火だったりするはずがないと思っています。水は水のはずです。しかし、道元禅師は「水は水だと言うが、それは正しくない」と言っています。

私たちが坐禅を修行するとき、「これは正しい修行だ。私たちは正しく完全なものを手に入れるだろう」と考えます。しかし、もし道元禅師に尋ねたら、こう言うでしょう。「まったくその通りというわけではない」。このことはみなさんの参究にとって良い公案になります。「水は水だ」と言うとき、私たちはものを物質的に理解しています。水というのはH_2Oのことだと言います。しかし、条件次第ではH_2Oが氷だったり、霧だったりします。また蒸気だったり、人体だったりもします。液体状の水であるのはある環境においてだけです。便宜のために仮に水は水だと言っていますが、ほんとうの意味において水を理解しなければなりません。水はただの水以上のものなのです。

私が水を飲んでいるときには、水がすべてです。世界全体が水なのです。水の他には何もありません。このような理解と態度で水を飲むとき、それが水であり、同時に水以上のものなのです。

私たちが坐禅において「ただ坐る」とき、私たちはあらゆるものを内に含んでいます。みなさん以外のものは何一つありません。それが只管打坐です。私たちは完璧に自分自身になります。私たちはあらゆるものを持っているので、完全に満ち足りています。これからあらためて手に入れなければいけないものなど何もありませんから、そこには感謝の念、あるいは喜びにあふれた心があります。

みなさんが坐禅を修行する理由を私は理解していると思います。みなさんのほとんどは何かを求めています。たくさんの信じられないことを聞かされてきたので、真実でリアルなものを探しています。美しく見えるものが実際は美しくないということを知ってしまったので、美しいものを探してさえいないかもしれません。そういうものは何かのうわべだけ、あるいは単なる飾り物にすぎません。また、みなさんは人々がいかに偽善的であるかを知っています。高潔であるかに見える多くの人たちからはほんとうの感謝や喜びにあふれる心が伝わってこないので、みなさんは彼らを信用しません。

みなさんは誰を信用すればいいのか、何の教えを信じればいいのかがわからないので、ここへやってきて何かを探しています。私は、みなさんが探しているものを与えることはできません。私自身が何か特定のものを信じているのではないからです。私は水は水であるとか、水は宝石である、あるいは家、火、血であるなどとは言いません。道元禅師が言ったように、水は水以上のものです。私たちは正しさ、美、真理、あるいは徳にこだわっていたいのですが、そういうものを探すのは賢明であるとは言えません。それ以上の何かがあるのです。

私はみなさんは旅行するのが好きだということに気がつきました。今日はアラスカ、次の日はインドとかチベット。それが火であろうが、宝石、あるいはそれ以外の何かであろうが、とにかく何かを探し続けています。しかし、「必ずしもそうであるとは限らない（not always so）」ということを実感すれば、もはやそういうものを信じることができなくなり、真理を探すやり方そのものが変わるでしょう。そうでなければ、何かにこだわったままでしょう。

仏教のような何か偉大な教えを探すということは、優れたものを探すということです。何を見つけたとしても、みなさんは観光客のようなものでしょう。車に乗って旅をしているわけではないにしても、みなさんは精神的には観光客です。「ああ、なんて美しい教えなんだ。これこそほんとうに真の教えだ！」。禅修行に潜んでいるさまざまな危険のうちの一つは観光客になってしまうことです。気をつけなさい！　教えにとらわれてしまうことは、まったくなんの足しにもなりません。美しいものであろうが本物に見えるようなものであろうが、ものごとにだまされないようにしなさい。それは単なるゲームにしかすぎません。ほんとうの意味で、仏《ブッダ》を信じ、法《ダルマ》を信じ、僧伽《サンガ》を信じなければなりません。

ほんとうの自由は、この禅の法衣、このわずらわしい正式な法衣を着ていても、窮屈に感じないことです。それと同じように、忙しい生活において、無視するのでもなく、またとらわれるのでもなく、それが少しも苦にならないような仕方で、この文明を身にまとわなければなりません。どこか余所《よそ》に行くことなく、それから逃げるのでもなく、まさにこの忙しい生活のただなかに、私たちは落ち着きを見出すことができます。

道元禅師は船頭のようであれと言っています。船頭は船に運ばれていますが、同時に船を操ってもいます。私たちもそうやってこの世界の中で生きています。船頭のようにこの世界の中でどう生きるかということをよくわかっているとしても、それが実際にできるかどうかとなれば話は別です。それは大変難しいことです。だからこそ坐禅を修行するのです。

昨日、私は「脚がどんなに痛くても、動いてはいけない」と言いました。それを文字通りの意味で受け取った人もいるでしょう。私がほんとうに言おうとしたのは、坐禅を修行しようという決意はそのようなものであるべきだということです。もしあまりにも痛いのなら姿勢を変えてもかまいません。しかし、決意はあくまでもそのようであるべきです。「〜であるべき(should be)」もまたよい例でしょう。「必ずそうあるべき」と言うことではないのです。

曹洞禅の秘訣はわずか二語で言い表せます。それは「何必《かひつ》〔必ずしもそうであるとは限らない〕」です。おっと、英語なら三語（not always so）ですね。二語というのは日本語の漢字の場合です。「何必」。これが教えの秘訣です。そうかもしれないが、必ずしもそうであるとは限らない。言葉や規則にとらわれることなく、あまりたくさんの先入観を持つことなしに、何かを実際に行います。何かをすることで、教えを現実に活かしていくのです。

何かに頑なにこだわるというのは怠惰であるということなのです。何か難しいことをする前に、それを理解したいと望みます。そうすると、言葉にとらわれることになります。何が正しくて、何が間違っているかを言うことなく、自分をとりまく環境を受け入れる勇気があれば、みなさんに語られた教えは助けになるでしょう。しかし、教えにとらわれるなら、二重の問題を抱えることになります。教えに従うべきか、それとも自分のやり方でいくべきか。こういう問題は教えをつかんで放さないことによって生じるのです。だからまず修行すること、それから教えを活かすのです。

私たちは死期が近い者であるかのようにして坐禅を行じます。あてにできるものは何もなく、頼るものも何一つありません。死にかかっているのですから、何も欲しいものなどありません。ですからそれが何であれだまされることなどあり得ないのです。

ほとんどの人は、何かにだまされるだけではなく、自分自身、自分の能力、自分の美しさ、自分の自信、外見にもだまされています。自分で自分をだましていないかどうかを知らなければなりません。何か他のものによってだまされているのなら、損害はそれほど大きくはありませんが、自分自身にだまされているなら、それは致命的です。

みなさんは禅的な生き方、あるいは世界における自分の生き方になんとなく抵抗を感じているかもしれません。でも、抵抗に自分を見失ってはいけません。わかりますか？　抵抗とか戦いに深く巻き込まれると、自分を失ってしまいます。力を失い、友人や両親を失います。あらゆるもの、自信も眼の輝きも失います。みなさんは死体になります！　誰も「ああ、かわいそうに」と言ってくれません。誰もそんなことを言ってくれません。鏡に映った自分の顔を見て、自分がまだ生きているかどうかを確かめてみなさい。坐禅を修行していても、だまされるのをやめなければ、なんの助けにもなりません。わかりますか？

まだもう少しだけ、生きている間に、一生懸命に修行しましょう。

どうもありがとう。

23 リアリティの直接的経験

Direct Experience of Reality

心と体のすべてを使って何かを学んでいるとき、直接的な経験をすることができます。みなさんが自分は何か問題を抱えていると思っているとすれば、それは修行がまだまだだということです。修行が充分に良いものであれば、何を見ても、何をしても、それがリアリティの直接的経験になっています。

When you study something with your whole mind and body, you will have direct experience. When you believe you have some problem it means your practice is not good enough. When your practice is good enough, whatever you see, whatever you do, that is the direct experience of reality.

道元禅師は「山、河、大地、空――あらゆるものが悟りを得るようにと私たちを励ましている」と言いました。それと同じように、私の講話の目的も、悟りを得るように、仏教をリアルに経験するようにとみなさんを励ますことにあるのです。みなさんは仏教の本を読んでいるとき、自分は仏教を学んでいるのだと思っているかもしれませんが、それは直接的な経験というよりは知的な理解を得ているにすぎないのです。

知的な理解は確かに必要ですが、それだけがみなさんの学修のすべてではありません。といってもそれは知的な理解を無視するとか、悟りは知的な理解とはまったく違うものだというわけではありません。ものごとをほんとうに直接的に経験して、それを知的なものに置き換えることは可能ですし、そうした概念による説明は直接的な経験をする助けになることもあります。知的な理解と直接的な経験の両方ともが必要なのです。しかしそれでもやはり、両者の違いをはっきりと知っておくことは大切です。時にはこれこそが悟り体験だと思うようなことがあるかもしれませんが、それは依然として、知的な理解にすぎません。だからこそ、両者の違いをよく知っている本物の師を持たなければならないのです。

ですから、仏教を学ぶときには、強い確信を持たなければなりません。そして仏教を心でだけでなく、体でも学ぶ必要があります。眠くてとてもきちんと聞いていられないような状態のときでも講話を聞きに来ているなら、その講話に出席していることで悟りについてのなんらかの経験がもたらされるかもしれません。それは悟りそのものでしょう。

直接的な経験は、みなさんが自分の行いと完全に一つになっているとき、自分という考えがまったくないときにやってきます。それは坐禅しているときかもしれませんし、道を求める心が強くなって利己的な欲望をすっかり忘れているときかもしれません。みなさんが自分は何か問題を抱えていると思っているとすれば、それは修行がまだまだだということです。修行が充分に良いものであれば、何を見ても、何をしても、それがリアリティの直接的経験になっています。この点は必ず心にとどめておかなければなりません。たいていの場合、この点についての理解がなく、あれやこれやの判断に巻き込まれて、「これは正しい、あれは間違い」「これは完全、あれは不完全」と言ったりします。リアルな修行をしているなら、そんなことは馬鹿馬鹿しく思えるはずです。

私たちはときに、仏教者には間違ったことなどないと言ったりします。何をしても、「仏がやっているのだ。私ではない」とか「仏に責任がある。私にはない」というわけです。しかし、もしそういうせりふを言い訳として使うのなら、それはまったく間違った理解です。私たちは、「すべての存在には仏性がある」と言いますが、それは仏性を実際に経験するようにと励ますためなのです。そのように言う目的はほんとうの修行をするようにと励ますためであって、怠惰な修行や単なる形だけの修行の言い訳を提供するためではないのです。

中国では人々は、はちみつとか水を大きなかめに入れ、頭に載せて運びます。時には、それを下に落とす人もいたに違いありません。それはもちろん大きな失敗です。しかし、たとえ落としても後ろを振り返らないなら、それで大丈夫です。頭の上にはもうはちみつも水もありませんが、それでもただ前へどんどん進んでいくのです。どんどん進み続けるなら、それは失敗ではありません。しかしもし、「ああ！　失くしてしまった！　どうしよう！」と言うなら、それは失敗になります。それはほんとうの修行ではありません。

熟達した武術家なら、友人の鼻先にとまっているハエを、鼻を傷つけることなく、剣で切り落とすことができなければなりません。友人の鼻を切ってしまうのではないかという恐れを持つのは、ほんとうの修行ではありません。何かをするときには、なにがなんでもそれをするのだという強い決意を持ちなさい。ヒュッ（刀が空を切る音）。熟達しているか、熟達していないか、危ないか、危なくないかは一切念頭に置かず、ただそれを実行するのです。こういう確信を持って何かをするのが、ほんとうの修行です。それがほんとうの悟りです。

自分の人生を実現するというこの強い確信は「うまくいく」とか「うまくいかない」を超越しています。あらゆる恐れの感情を乗り越えて、ただそれをするのです。それがリアルな修行であり、それが、良い、悪い、正しい、間違いという二元的な考えを超越した、道を求める心〔求道心〕なのです。それをただやりなさい。

それが四つの誓願〔四弘誓願〕を修行するやり方です。私たちはただそうしたいと望むから人々を助けるのであって、きっとうまくいくと思うからそうするのではありません。認識機能を持った存在〔衆生〕は無数に存在しますから、一切衆生を完全に助け尽くすことができるかどうか、それはわかりません。しかし、そんなことは問題ではないのです。私たちがここにこうしている限り、衆生を助けるという修行を継続していかなければなりません。

教えを理解するということには限界などありません。それを理解できるか、できないかにかかわらず、私たちは理解しようとする努力を続けるのです。このような確信を持って学ぶとき、千劫《せんごう》という長大な時間の中でさえ出会うことが稀な貴重な教えに出会うことができるのです。この絶対的な教えは、他のいかなる教えとも比較できません。

比較を絶した教えといってもそれが最高の教えだという意味ではありません。道元禅師が言うように、「私たちは比較論的な仕方で教えの意味を論じるのではない。それよりも、いかに修行するかということのほうを強調する〔しるべし〕」のです。仏家には教の殊列を対論することなく、法の浅深をえらばず、ただし、修行の真偽をしるべし〕」のです。私たちは、いかに教えを受け入れ、いかにその教えを生きるかについての学びに焦点を当てます。教えが深いか浅いかということは的外れです。その肝心の的とは学修の態度を発達させるというところにあるのです。これが禅の特徴であり、とりもなおさず真の仏教の特徴なのです。仏教の体系を構築することよりも、ほんとうの修行をすることのほうがより重視されるのです。

私たちが従うすべての規則はただ修行をやりやすくするためにあります。入り口を狭くするためではなく、あらゆる人に向かって大きく入り口を開くためのものです。修行がどれほど難しいことかがよくわかっているので、みなさんの修行を手助けするためにいくつかの規則を設けるのです。上に登るための竿がなければ、竿のてっぺんから飛び降りるときに感じる気持ちを経験することは難しいでしょう。赤ちゃんに遊ぶおもちゃがなければ、人間であることがどんなことかを実際に経験することはかなり難しいことになるでしょう。私たちが従う規則は仏教者としての経験を手助けするための一種のおもちゃのようなものなのです。とはいえ、いつでもおもちゃが必要なのではありません。しかし、幼いときには、それが必要なのです。

ですからいつも規則にこだわるということは必要ではありません。重要なのは、みなさんの生き方をより深くより広く拡張していくことなのです。ものの値打ちがわかるようになれば、美しい陶器のお碗を所有することは必要ではありません。それがなんであれ、ものがみなさんの修行を励ましてくれます。ほんとうの意味で人生を愉しむことができるなら、たとえケガをしたとしても、大丈夫です。死ぬとしても、大丈夫です。あらゆるものによって励まされ、あらゆるものがいつも自分を助けてくれているということを実感するなら、死のうが生きようが違いはありません。大丈夫です。まったく大丈夫です。それが完全な手放しということです。

みなさんの修行は、生死にかかわらず、永遠に続けることができるほどの強い勢いを持つことでしょう。このようにして、私たちの悟りを説明することができます。このような方向に向かって修行するかどうかということはみなさん次第です。私にはみなさんが仏教をどのように理解しているかを説明することはできません。みなさんはみなさん自身のやり方で仏教者としての自分の生き方を説明しなくてはなりません。

私は、みなさんの修行を励ますためだけに話をしています。みなさんは私が言うことに厳密に従うことはできないでしょうが、私の話はそれでもたぶんなんらかの示唆を与えることぐらいはできるでしょう。
どうもありがとう。

24 ほんとうの集注

True Concentration

みなさんは自分の考えていることを受け入れます。それはもうすでにそこにあるからです。それについてできることは何もありません。それを取り除こうとする必要はありません。これは正しいとか間違っているといった問題ではなく、自分のしていることを、開かれた心を持って、どのようにして率直に受け入れるかという問題なのです。

You accept your thinking because it is already there. You cannot do anything about it. There is no need to try to get rid of it. This is not a matter of right or wrong but of how to accept frankly, with openness of mind, what you are doing.

ほんとうの集注とはたった一つのことに注意を集めているということではありません。「ものごとを一つ一つ行う」と言いますが、それが意味することを説明するのは難しいです。何ものにも心を集注させようとしないでいるとき、私たちは何かに注意を集注する用意ができています。たとえば、私の眼が禅堂にいる誰かに向けられているとすると、他の人に注意を向けることは不可能になります。ですから私は坐禅をするとき、誰も見てはいません。でも、誰かが動けば、それを見つけられます。

観世音菩薩（Avalokiteshvara）は慈悲の菩薩です。男性として表現されることもありますが、女性の姿で現れるときもあります。観世音菩薩は、他者を助けるための千の手を持っていることがあります。しかし、彼女が一つの手だけに注意を集注したら、残りの九百九十九の手は役に立たなくなります。

大昔から、修行の眼目は明澄で平静な心になることでした。何をするときにでも、です。たとえ美味しいものを食べているときでも、心は平静で、その食べ物を準備するために払われた手間やお皿、お箸、お椀、私たちの使うあらゆるものを作るためになされた努力に、きちんと感謝することができなければなりません。落ち着いた心でそれぞれの野菜の香りを、一つ一つ味わうことができます。私たちはあまり調味料を使いません。ですから、それぞれの野菜のいいところを愉しむことができます。私たちは食べ物をそうやって料理し、そしてそれをいただくのです。

誰かを知るということは、その人の香り――その人から感じるものを感得することです。そこから多くの感じが現れてくる、その人独特の香り、特定の人格を一人一人が持っています。このような人格、あるいは香りを充分に理解するということがその人と良い関係を持つということです。そうすることができればほんとうに仲の良い関係でいることができます。仲良しでいるということは、誰かにしがみつくということではありませんし、またその人たちを喜ばせるということでもありません。それはその人たちを全面的に理解するということです。

ものごとや人を充分に理解するためには、心が平静で明澄な状態になっていなければなりません。だからこそ、私たちは何かを得ようという考え〔有所得心〕を持たないで、坐禅、只管打坐を修行するのです。このとき、みなさんは自分自身になっています。みなさんは「自分自身を自分自身に落ち着かせて」います。この修行によって自由を得るのですが、みなさんの意味している自由と禅仏教が意味している自由とでは、意味が同じではないかもしれません。自由を得るために、私たちは脚を組み、背筋の伸びた姿勢で坐り、眼や耳をあらゆるものに対して開放します。この「これから起こることに用意ができていること（readiness）」「開かれてあること（openness）」が大切です。私たちは極端に走りがちで何かにこだわりやすいからです。そのようにして、平静さ、鏡のように明澄な心を失ってしまうのです。

坐禅修行とはいかにして心の平静さと明澄さを得るかということですが、身体的に自分自身に何かを強制することによって、あるいは特別な心の状態を作りだすことによって、それを成し遂げることはできません。みなさんは、鏡のような明澄な心を持つことが禅の修行だと思っているかもしれません。確かにそうです。しかし、そのような鏡のような心を得るために坐禅の修行をしているのなら、それは私たちが意味している修行ではありません。それとは別な、禅の技法（the art of Zen）になっています。

禅の技法とほんとうの禅との違いは、みなさんは努力することなくほんとうの禅をすでに得ているというところにあります。何かをしようと努力するとそれを失ってしまいます。千ある手のうちの一つに集注していると、九百九十の手を失います。だから、「ただ坐れ（Just sit）」と言うのです。それは、心を完全に停止させることではありませんし、呼吸に完全に注意を集注していることでもありません。もちろん、そういったことは助けにはなります。呼吸を数える修行をしているとき、それがあまり意味のないことに思えるので退屈してくるかもしれません。でも、そのときには、ほんとうの修行がどのようなものであるかについての理解を見失ってしまっているのです。私たちが呼吸に集注する修行とか心を息に随わせる修行をするのは、複雑な修行に夢中になって何かを成し遂げようとして、自分自身を見失うようなことにならないようにするためなのです。

技法的な禅においては偉大な力量と優れた修行を備えた熟達した禅匠のようになろうと努力をします。「ああ、彼のようになりたい。一生懸命がんばらなければ」。技法的な禅ではまっすぐな線をどうやって描くか、自分の心をどうやってコントロールするかといったことに関心が払われます。しかし、禅はあらゆる人のためのものです。たとえ、みなさんがまっすぐの線を描けないとしても、です。子供にとって、それは自然なことです。たとえその線がまっすぐでなくても、それは美しいのです。ですから、脚を組んで坐るのが好きであろうがなかろうが、あるいはそうすることができると思っても思わなくても、もし坐禅がほんとうはどんなものであるかがわかるなら、それをすることができます。

修行において最も重要なことは、スケジュールに従うことと、人々と一緒にものごとを行うことです。それはグループでの修行ではないか、と言うかもしれませんが、そうではありません。グループでの修行はまったく異なっています。それはまた別の技法です。戦時中、ある若者たちは、当時の日本の軍国主義的なムードにけしかけられて、修証義《しゅしょうぎ》のなかのこの一文を大きな声で私に読んで聞かせました。「生と死を理解することが修行の要点である（生を明らめ死を明らむるは仏家一大事の因縁なり）」。彼らは「修証義については何も知りませんが、私は前線で従容《しょうよう》として死ぬことができます」と言いました。そういうのがグループでの修行というものです。トランペットや銃、鬨《とき》の声にけしかけられれば、死ぬことなんていとも簡単なのです。

そういうものも私たちの修行ではありません。私たちは一緒に修行しますが、目的としているのは山や河、木や石、世界のあらゆるもの、宇宙のあらゆるものと一緒に修行すること、そしてこの大きなコスモス（宇宙）の中にいる自分自身を見出すことです。この大きな世界の中で修行するなら、どちらに進んでいけばいいかが直観的にわかります。みなさんを取り囲んでいるものがどちらに向かっていくべきかを示すサインを出してくれるときには、サインに従っているということなど思いもよらないのに、正しい方向に向かって進んでいけるのです。

私たちのやり方を修行することはいいことですが、もしかしたら誤った考えで修行しているかもしれません。しかしもし、「自分は間違ったことをやっている。でもそうだとしても、この修行をやり続けるしかない」と知っているのなら、心配する必要はありません。ほんとうの眼を開いて、修行についての間違った考えに深入りしている自分を受け入れるなら、それはほんとうの修行だからです。

みなさんは自分の考えていることを受け入れます。それはもうすでにそこにあるからです。それについてできることは何もありません。それを取り除こうとする必要はありません。これは正しいとか間違っているといった問題ではなく、自分のしていることを、開かれた心を持って、どのようにして率直に受け入れるかという問題なのです。それが最も重要なポイントです。坐禅をするとき、みなさんは、自分が持っているいろいろなイメージをなくそうとしないで、何かを考えている自分を受け入れます。「ああ！　またやってきた」。誰かが向こうで動いていたら、「あ、あの人が動いている」。その人が動くのをやめても、みなさんの眼はそのままです。何も特別なものを見つめていないときには、みなさんの眼はそのようにしてものを見るでしょう。そのようにしてみなさんの修行は、次から次へと、あらゆるものを内に含むようになっていきますが、それでも心の平静さは失いません。

このような修行の広がりには際限というものがありません。これを基盤として、私たちはほんとうの自由を得るのです。自分を良い、悪い、正しい、間違いということで評価するなら、それは比較のうえでの価値でしかありません。それでは自分の絶対の価値を見失ってしまいます。無限の測定器で自分を評価するなら、みなさんの誰もがほんとうの自己に落ち着くことができるでしょう。もっとましな測定が必要だと思うかもしれませんが、それで充分です。この点を理解できるなら、人間にとっての、そしてあらゆるものにとってのほんとうの修行とは何かがわかるでしょう。

どうもありがとう。

25　どこへ行ったとしても、私は自分自身に出会う

Wherever I Go, I Meet Myself

自分という考えにしがみついて、自分の修行を向上させようとしたり、何かを発見しようと努力していたり、向上したもっとましな自分を作りだそうとしたりしている限り、みなさんの修行は邪道に陥っています。みなさんは決して目的地には辿《たど》り着きません。

As long as you are clinging to the idea of self and trying to improve your practice or find something out, trying to create an improved, better self, then your practice has gone astray. You have no time to reach the goal.

私たちのほとんどは自分とは何かを知りたいと思っています。これは大きな問題です。私は、みなさんがどうしてこの問題を抱えてしまうのか、それを理解しようと努力しています。みなさんは自分が何者なのかを理解しようとしているけれども、それは終わりのない課題であり、決して自分を見ることなどない、と私には思えます。思考することなしに坐ることは難しいと

みなさんは言いますが、自分について考えるということのほうがもっと難しいでしょう。結論に達するのはほとんど不可能ですし、もし努力を続けるのなら、頭がおかしくなって、自分のことをどうしたらいいのかわからなくなってしまうでしょう。

みなさんの文化は自己を向上させるという考えをもとにしています。この「向上」という考えはかなり科学的です。科学的な意味合いでは、向上というのは、船で日本に行くのではなく、今やジャンボジェット機で行くことができるということです。ですから、向上は比較の上での価値に基づいています。そういう価値観が私たちの社会や経済の基盤にもなっています。みなさんが文明という考えを拒絶しているということは理解しています。しかし、向上という考えは拒絶していません。みなさんは依然として何かを向上させようとしています。おそらくみなさんのほとんどは自分の坐禅を向上させるために坐っているでしょう。しかし、仏教者は向上という考えにそれほど強く固執していません。

自分を向上させようとして坐禅をすると、自分をもっと心理学的な仕方で理解したいと思うようになるでしょう。心理学はみなさんのなんらかの側面については教えてくれるでしょうが、厳密な意味でみなさんが何者であるかを教えてはくれません。それはみなさんの心についてのたくさんある解釈のうちの一つにすぎません。心理学者か精神科医のところに行けば、自分自身についての新しい情報を際限なくもらえるでしょう。そこに行き続けている限り、なんらかの安堵感を感じることでしょう。自分の抱えている重荷からの解放感を感じるでしょう。しかし禅においては自分についてそれとはまったく違う理解をしています。

中国曹洞宗の開祖である洞山《とうざん》は「自分を対象的に見ようとしてはいけない」と言いました。言い換えれば、対象的真理であるような、自分についての情報を探し求めようとするな、ということです。それはただの情報でしかありません。ほんとうの自分は、自分が得るいかなる情報ともまったく違っていると洞山は言います。ほんとうの自分はそのようなものではありません。「私は私独自の道を行く。どこへ行こうと、私は私自身に出会う（我いま独り自ら往く処処彼に逢うことを得）」

洞山は自分自身についての情報にしがみつこうとするみなさんの努力を拒否します。そして自分自身の脚を使って一人で進み続けるようにと言うのです。人々がなんと言おうと、自分独自の道を進まねばなりません。同時に、人々と一緒に修行しなければなりません。これはまた別のポイントです。自分自身に出会うということは、人々と一緒に修行することなのです。

誰かが誠実に修行しているのを見るとき、みなさんは自分自身を見ています。もし誰かの修行に感動したら、「ああ、彼女はよくやっているなあ」と言います。その「彼女」は彼女でもなくみなさんでもありません。彼女はそれ以上の何かなのです。彼女は何なのでしょうか？しばらく考えてから、「ああ、彼女はあそこに、私はここにいる」と言うかもしれません。しかし、彼女の修行に心打たれたとき、その「彼女」はみなさんでもなければ彼女でもありません。みなさんが何かに心打たれたとき、それが実はほんとうの自分なのです。とりあえず、

「みなさん」と私は言います。しかしその「みなさん」とは私たちの修行の純粋な経験のことなのです。自分自身を向上させようとしている限り、自分という核になる考えを持ちます。それは間違った修行です。それは私たちが言う修行ではありません。

心を空《から》にして、あらゆることを手放して、開かれた心でただ坐禅するとき、何を見ても、自分自身に出会うのです。それが、彼女や、彼や、私を超えた、自分です。自分という考えにしがみついて、自分の修行を向上させようとしたり、何かを発見しようと努力していたり、向上したもっとましな自分を作りだそうとしたりしている限り、みなさんの修行は邪道に陥っています。みなさんは決して目的地には辿り着きませんから、最後には疲れ切ってしまいます。そして「禅はなんの役にも立たない。私は十年も坐禅をしているが、なんにも得ていない！」と言うでしょう。しかし、もしみなさんがただここへやってきて、真摯な修行者たちと一緒に坐り、彼らのなかに自分を見出すなら、そしてそのような仕方で修行を続けるなら、それが私たちのしている修行なのです。このような経験はどこにいても可能です。洞山が言ったように、「私がどこへ行こうと、私は私自身に出会う」のです。洞山が水を見れば、それが自分を見ることなのです。彼は水の中に自分自身を見ることはできませんが、水を見ること、彼にはそれで充分なのです。

したがって、自分自身を理解するとは自分を対象的に理解することでも、さまざまな情報源から情報を集めてくることによって理解するのでもありません。もし人々がみなさんのことを正気ではないと言ったとしても、「オッケー、私は正気ではないよ」。もし人々がみなさんのことをだめな修行者だと言うなら、おそらくその通りなのでしょう。「私はだめな修行者だ。でも一生懸命修行しているよ」。それで充分です。そのようにして坐るなら、みなさんは自分を受け入れ、自分自身と一緒にあらゆるものを受け入れています。あれこれのバカげた問題に巻き込まれているなら、自分の抱えているその問題と一緒に坐っているのです。それがそのときの自分なのです。問題を取り除こうとしたなら、それはもうすでに間違った修行です。

自分だとか対象的リアリティといった、自分が作りだした考えに固執していると、自分が心で作りだした対象的世界の中で、われを忘れてしまいます。みなさんは次から次へとものを作りだしています。だから終わりがありません。自分が作りだした世界がいろいろあるでしょう。多くのものを作りだしてそれらを見るのはとても面白いことですが、自分の作りだしたものにわれを忘れてはいけません。

私たちの修行のもう一つの側面は、私たちは考え、そして行為をするということです。私たちは石のようになろうとしているのではありません。日常生活が私たちの修行です。シンキング・マインドや想像、感情的活動のとりこにならないで、ほんとうの意味においてただ考えるのです。思考は、あらゆるものを含んでいるほんとうの自己から私たちのところにやってきます。私たちがそれについて考える以前、木も鳥も、あらゆるものが思考しています。それらが考えると、木がきしみ、鳥が歌います。それは彼らの思考なのです。私たちがそれ以上のことを考える必要はありません。ものごとをありのままに（things as it is）見るなら、思考はもうすでにそこに存在しています。このような純粋な思考が私たちの修行において行う思考なのです。こうして、私たちは自分自身から常に自由なのです。私たちはものごとをありのままに見ることができます。同時にものごとについて考えることもできます。思考についてのいかなる特定の基準にも固執しませんから、私たちにとっては真実の道も誤った道も存在しないのです。

どうもありがとう。

26 あらゆるもののボス

The Boss of Everything

ものの奴隷にならずに、自分の修行をあらゆるものと分かち合うことができます。これが自己の上に自己を確立するということです。みなさんはあらゆるものを内に含む用意ができています。あらゆるものを内に含んでいるとき、それがほんとうの自己なのです。

Without being enslaved by it, you are able to share your practice with everything. That is how to establish yourself on yourself. You are ready to include everything. When you include everything, that is the real self.

私たちが坐禅を修行する理由はあらゆるもののボス（主人）になるためです。私たちがどこにいても、です。しかし私がそう言うと、誤解をまねくことになるでしょう。つまり、自分があらゆる人の、あらゆるもののボスになるのだという誤解です。そのように理解するならみなさんは自分の心の中の観念として存在することになります。それは私たちが言いたい「自分」

ではありません。それは幻想です。みなさんの考えが修行によってしっかり支えられていないし、「自分」と「他人」という考えのとりこになっているからです。修行が持つほんとうの力がみなさんの理解を支えてくれているなら、私たちの道を修行しているみなさんはあらゆるもののボスであり、自分自身のボスです。

だからブッダは自分自身をコントロール〔調御〕しなさいといったのです。コントロールしなければならない自分は迷っている自分であって、ほんとうの自分ではありません。みなさんは自分が何者であるかというある考えを持っていて、その考えにとらわれています。迷った自分のとりこになっていて、困難や混乱を抱えています。こうした考えが修行の力によってうまくコントロールされていれば、「自分」はあらゆるもののボスです。混乱した心でさえ修行によって支えられるでしょう。

坐禅をしているとき、音が耳にやってきます。いろいろな声が聞こえるかもしれません。いろいろな考えが心の中に浮かんでくることもあるでしょう。しかしもし、みなさんの修行がちゃんとしたものであれば、その修行が、みなさんの聞いたものや浮かんできたイメージを所有し、あるいは内に含むでしょう。それらは自分の一部なのです。みなさんの修行が充分強いものなので、それらを自分の手や眼のように在らしめ、そのとりこになることなく所有することができるのです。

時には、何かを手に持っているときに左手と右手がうまく協力していないように見えることがありますが、両手は何かをやろうとはしていません。みなさんがほんとうにあらゆるもののボスであるときには、たとえそれが混乱のように見えようとも、それは混乱ではありません。みなさんが何か間違いを犯しているように見えるかもしれませんし、人々が「ああ、あの人は何か変なことをしている」と言うかもしれません。しかし、それは彼らの理解です。みなさんはあらゆるものを所有しているのですから、間違ったことなど何もしていません。自分の両手を活用しているようにものごとを活用しているのです。

みなさんは自分があらゆるものと一緒にあるようにさせているし、またものがそうありたいようにあらしめています。それが修行の力です。それは間違ったことをするのとはまったく違います。間違ったことをしている人は苦しみますが、みなさんには苦しみなどありません。みなさんはただものを自分のものとして、ある仕方で活用しているだけです。

戒律を守ることもそういう仕方でなされるべきです。みなさんが戒律を守るのはブッダの言ったことに従わなければいけないからではなく、ほんとうの修行を日常生活へと拡張するため、自分を自分自身へと落ち着かせるためです。その自分はあらゆるものを内に含んでいます。私たちはときどき、自分の修行を日常生活へと拡張するというのは自分のやっている活動に完全に没頭することであるとか、ものと一つになることだとか言ったりしますが、それはあまり明確な言い方ではありません。野球への熱狂に夢中になるとかギャンブルに溺れるのは修行と同じだなどと言うかもしれませんが、それは修行ではありません。当人がそういうもののとりこになっているからです。みなさんはあらゆるもののボスになっているのではなく、その逆にギャンブルがみなさんのボスになっています。みなさんの修行はうまく機能していません。自分が心の中に作りだしたものによって奴隷のような状態になっています。

心がぐるぐる旋回して何かの迷妄を作りだします。何かを得ようという考えや、遊び半分の、理論の域を出ない考えを抱いたりしますが、ただそれだけのことです。そして自分自身やギャンブルの奴隷のようになります。まったく坐禅の修行などしていません。ボスになるどころではなく、自分の心を所有もしていないし、自分の脚でさえ所有していません。なぜなら朝起きるや否や、みなさんの脚はリノ〔ラスベガスに並ぶネバダ州にあるカジノの街〕に行きたがるからです。みなさんの修行はみなさんの脚を援助しません。そこに違いがあるのです。

ですから何かと一つになるということは、それにとらわれてしまうことではありません。心の中で何かの構成員になってしまうと、みなさんはとらわれます。心の中で興味深いものをこしらえると、みなさんはとても暗示にかかりやすくなり、心の中にあるグループの構成員になろうとする熱意を感じるようになります。みなさんが心の中に作りだしたもの以外には何も持っていないにもかかわらず、そのとりこになってしまうのです。そこには修行はありません。みなさんを支えているものが何もないからです。みなさんはボスではなく、自分自身さえ見失っています。そこに違いがあります。

だから私たちは、何かを得ようという考えを持たず、いかなる目的もなしに坐禅をしなさいと言っているのです。あらゆるものを自分のものとして支えながら、ものをそれがするにまかせて働かせておくのです。ほんとうの修行には方向づけ、あるいは方向性がありますが、目的や何かを得ようという考えはありません。ですから自分にやってくるあらゆるものを含むことができるのです。良いとか悪いとかということは問題ではありません。悪いものがやってきたら「オッケー、あなたは私の一部だよ」。良いものがやってきたら、「ああ、オッケー」。修行に特定の目標や目的を持ち込みませんから、何がやってくるかということは問題にはならないのです。

あらゆるものを内に含んでいるので、私たちはそれを大いなる心（big mind〔大心〕）と呼びます。それがいかなるものであるにしろ、それは私たちの内部にあって、私たちはそれを所有しているので、それを「大いなる心」とか「無目的の目的」「無舌の舌」と呼んでいます。私が何かについて話したとしても、そこに目的はありません。私は自分に向かって話をしています。みなさんは私の一部だからです。というわけで、私の話には目的がありません。何かが進行している、それだけのことです。自分の修行をあらゆるものと分かち合うというほんとうの喜びのゆえに、それは進行していきます。

みなさんが坐禅を行じるときには、あらゆるものが坐禅を行じています。みなさんが持っているすべてのものが坐禅をしています。ブッダが坐禅をし、菩提達磨が坐禅をし、あらゆるものがみなさんと共に坐禅をしています。そしてみなさんはあらゆるものと修行を分かち合います。坐禅はそのような仕方で起きているのです。私たちのほんとうの人生もそのようにして起きます。ほんとうの菩薩の道もそのようにして起きます。

それが他者を手助けするやり方です。他者を手助けするとは修行を他者と分かち合うということです。私たちは自分の修行を子供たちや、道行く人々と分かち合います。彼らは坐禅を修行しませんが、修行を分かち合うことはできます。もし私が人々を見たら彼らはすでにここにいます。私は彼らや、車の音や、あらゆるものと一緒に坐禅をします。

誰かが私になぜ修行をするのかと尋ねたら、巧みに方向づけられた心になるためだと答えるでしょう。ポイントはこの巧みに方向づけられた心を失わないことです。日本では子供たちは達磨人形を持っています。このおもちゃを知っていますか？　この人形は紙でできていて、押して倒しても、また起き上がってきます。それが巧みに方向づけられた修行です。どこへどう置いても起き上がってくるので、人々はこの達磨人形をいろいろな方向に放り投げて遊びます。それは私たちがしている修行の良い実例になります。

自分がどこにいるのか見つけることはできません。「これが私の心です」と言ったとすると、それはもうすでに自分という観念です。それはあそこではなくここに在ります。自分の心はみなさんの頭の中にあると思っているかもしれません。でもそれはどこなのでしょうか？　誰にもわかりません。ですから私たちの修行はあらゆるものと共に在ることです。もののとりこにならずに、自分の修行をあらゆるものと分かち合うことができます。これが自分自身の上に自分を確立するということです。あらゆるものを内に含む用意ができています。あらゆるものを含んでいるとき、それがほんとうの自分です。

どうもありがとう。

27 誠実な修行

Sincere Practice

重要なのは教えではなく、修行者の性格あるいは努力なのです。悟りを求めることですら、みなさんの心が充分大きくはないことを意味しています。みなさんには誠実さが足りません。なんらかの目的を持って学んでいるからです。

What is important is not the teaching but the character or effort of the student. Even to seek for enlightenment means your mind is not big enough. You are not sincere enough because you have some purpose in your study.

道元禅師は日本の曹洞宗の開祖だと考えられていますが、彼自身は自分が「禅」だとか、ましてや「曹洞」として自分を分類することを好みませんでした。必要なら、自分たちのことは「仏弟子」と呼ぶようにと言いましたし、自分のことは「沙門（出家した僧侶）道元」と呼んでいました。

道元禅師が中国の天童如浄禅師のもとで学んでいた当時、臨済、曹洞、雲門、法眼《ほうげん》、潙仰《いぎょう》といったさまざまな禅の宗派がありました〔禅宗五家〕。しかし道元禅師によると、如浄禅師はどの宗派にも属していませんでした。彼の禅は坐禅を行じて自分の身心を持ってブッダの精神を成就すること、それだけでした。道元禅師が彼を自分の師として認めたのはそれが理由でした。

道元禅師は日本で天台宗の仏教を学び、のちには栄西禅師の寺〔建仁寺《けんにんじ》〕に行き、臨済の教えを学びました。しかし、栄西はまもなく亡くなり、道元禅師はさらに正しい師〔正師〕のもとで修行を続けたいと望んだので、栄西の弟子の一人である明全《みょうぜん》と共に中国へ渡りました。道元禅師は多くの僧院を訪れ、たくさんの禅匠に会いましたが、如浄禅師に会うまでは一人も自分の師として認めることができませんでした。

道元禅師は、如浄禅師に初めて会ったとき、まだ彼のもとで正式に学ばないうちに、彼を自分の師として認めました。同じように如浄禅師も道元禅師に会うなり、直ちにこう思いました。「この人物は私の弟子だ。私の修行を継続していってくれるだろう」。ある夜の坐禅中、居眠りをしている者を如浄禅師が叱りつけていました。そのとき道元禅師に目覚めが起こりました。自分の悟ったことを師に提示して、道元禅師は如浄禅師から嗣法を受けました。そののち、彼は日本へ帰りました。

ここで私たちがまず気づくのは、道元禅師がブッダの誠実な弟子でありたいと望む修行僧であったということです。それがすべてです。彼はもうすでに仏教の学問的研究は放棄していました。ですから、彼が問題としていたことは、心の底から立派な仏弟子であるためにはどうすればよいのかということでした。このような精神を持つことがなによりも重要なポイントなのです。道元禅師はこのように誠実な修行者でしたから、自分と同じくらいの誠実さがない禅匠たちを師として認めることができなかったのです。しゃべるのが上手なだけの人を受け入れることができませんでした。彼はほんとうの意味で禅を真に修行している修行僧に会いたいと思っていたのです。如浄禅師を見たとき、道元禅師は彼を師と認めました。如浄禅師が道元を見たとき、彼は道元禅師の誠実さを認めたのです。

誠実な修行とは何でしょうか？　みなさんがあまり誠実でないときには、それを知ることは難しいでしょう。しかし、みなさんが誠実であるときは、皮相的なものを受け入れることができません。みなさんが非常に誠実になったとき初めて、それがどういうものかがわかります。それは優れた芸術のようなものです。優れた芸術を深く理解したいと思うなら、最も重要なことは優れた作品を見ることです。多くの優れた作品を見てきた人なら、たいして優れていない作品を見たとき、それがあまりたいしたものではないということがすぐにわかります。それを見抜くのに充分なほどみなさんの鑑賞眼が鋭くなったのです。

道元禅師が師匠というものを強調する理由はそこにあるのです。誠実さとは何かということを知りたいのなら、優れた師を持たなければなりません。師を見ることによって、優れた師とはどのようなものかを知ることができるからです。誠実な人物を見るとき、誠実であるとはどういうことであるかを知るでしょう。それは私が言葉で記述できるようなものではありません。みなさんが自分の直観で感じてください。そういう直観は優れた師を見ることによって得られます。

よく磨かれた眼、あるいは明解で偏りのない判断を発達させるためには、教えについての自分の理解や仏教についての自分の知識を含めてあらゆるものを手放すこと、あるいは手放す覚悟をしていることが大切です。そうすれば、何が優れていて何がだめなのかを区別することができるようになるでしょう。多くの師たちは経典の研究をあきらめ、坐禅だけを修行しました。何ものにも頼ることなく、自らの心を浄化するために坐禅をひたすら修行しました。どのような教えでもみなさんにとって良い師となることができますが、みなさんの誤った判断のせいで、教えがあまり意味を持たなくなってしまいます。みなさん自身の判断で優れた教えを台無しにしてしまうのです。それについて判断をすることがなければ、その教えをあるがままに受け入れることができます。

道元禅師が如浄から受け取った教えはこの偉大な精神、つまりあらゆることを手放す覚悟です。特に如浄禅師は坐禅をするとき、心に何も持っていませんでした。そのような修行の純粋性が道元禅師を感動させたのでした。あらゆることをあきらめるようにと努力しているときには、まだあらゆることをあきらめ切れてはいません。愚かな議論や愚かな研究、頼るべき何かをつかもうとしている愚かな心にうんざりしてくると、真理とか真の教えと呼ばれる何かを探しはじめます。あらゆることを放棄して、純粋な修行に完全に専念するようになります。

私の師の岸沢惟安老師は偉大な学者ですが、彼の研究はすべてを放棄したあとに始まりました。彼は地位とか名誉、名声といったことには頓着しませんでした。人々が彼について何を言っても、気にしませんでした。教えに自らを捧げた昔の師たちのようになるために、ひたすら研究を続け、修行しました。あらゆることを放棄するとき、そこには曹洞も臨済もありません。私の師がまさにそうでした。

私の師は修行者とか学者に会ったときは、文書になった教えを彼らが持っていないかどうかをいつも尋ねました。それが何であっても、それを読むことに多大の関心を払いました。彼はいつでも友人を、師を探していました。その人が有名であるかどうかということは彼にはまったく問題ではありませんでした。あらゆることを放棄したとき初めて、ほんとうの師に会うことができます。

仏教という名前ですら私たちの修行においてはすでに汚点になります。重要なのは教えではなく、修行者の性格あるいは努力なのです。悟りを求めることですら、みなさんの心が充分大きくはないことを意味しています。みなさんには誠実さが足りません。なんらかの目的を持って学んでいるからです。何かを成し遂げようという欲望、仏教を布教しようという欲望でさえ、まだ純粋さが足りません。ただ、偉大で純粋な聖なる人に出会うことだけが禅あるいは仏教を学ぶ目的なのです。

その点について師は厳格でなければなりません。みなさんが怠けていたら、師はとても怒ります。充分に純粋でないことにいつもみなさんが関わっているなら、それは時間を無駄にしているだけです。可能な限り、無益なことは受けつけないで、内なる声に従いなさい。道元禅師はもしみなさんの修行が充分純粋ならば、仏によって支えられるだろうと言っています。ですから、誰が自分を支えてくれるだろうかとか自分に何が起こるのだろうかといったことについて、あれこれ心配してはいけません。瞬間瞬間、完全に自分を打ち込んで、内なる声に耳を澄ませなさい。そうすればほんとうの意味で偉大な人物に会えるでしょう。みなさんを受け入れることができる人、みなさんが受け入れることができる人に会うでしょう。それが禅を学ぶ者にとって最も重要なポイントです。このような仕方で師を受け入れることができないなら、誰か別の人を探しなさい。このような精神がなければ、私たちの道を学ぶことはほとんど不可能です。

道を求める心を成就するということは坐禅を修行することです。いかにして坐禅を修行するかといえば正しい姿勢を身につけることです。立髪老師は「よろしい（yes）」と口に出して言うことで正しい姿勢を修行する興味深い方法について話してくれました。それはとても素晴らしいものでした。私の手の形は？　「よろしい」。眼は？　「よろしい」。要するに坐禅というのは「よろしい」なのです。私の背骨——「よろしい」。私の顎——「よろしい」。実際は自分の姿勢をチェックしているのではありません。自分の姿勢を受け入れているだけなのです——

「よろしい」

それが坐禅です。修行にはそれ以外の余分な活動はありません。みなさんが持たなければならない精神はそれなのです。私たちの修行にはそれ以外の秘訣などありません。それ以上のものを持ち込むなら、それは道に外れたもの（外道）です。余分な、手の込んだ修行をするなら、この点にまで到達することはできないでしょう。

それは、「殺すなかれ」といった戒律についても同じことが言えます。みなさんは、何かを殺さなかったら自分たちは生存できないと思っているでしょう。しかし、そんなことができるかどうかということは問題外です。戒律が「殺すなかれ」と言ったら、「はい、殺しません」と言うのです。そのとき、みなさんには完全な仏性があります。それはできませんと言うなら、それは正しいか誤っているかということであり、あるいは仏教の戒とキリスト教の十戒とを比較していることになり、戒の真意を見失っています。キリスト教の十戒に対してであろうが仏教の戒に対してであろうが、「なるほど、わかりました（Okay）」と言うとき、そこには仏心あるいは完全な慈悲があります。この点に気がついたなら、それ以外に秘訣はありません。自分の内なる声に直接耳を傾けるなら、それを聞こうという努力すらすることなく、それを耳にする機会があるときにはいつでも、道があります。仏の声があります。

どうもありがとう。

28 あらゆるものと一つ
One with Everything

……どこにいても、みなさんは、自分の見ている雲や太陽や星と一つです。たとえ飛行機から飛び降りたとしても、みなさんはどこか他の場所に行くのではありません。みなさんは依然としてあらゆるものと一つです。そのことは私が口で言うことができるよりもはるかにほんとうであり、みなさんが耳で聞くことができるよりもはるかにほんとうのことです。

..Wherever you are, you are one with the clouds and one with the sun and the stars that you see. Even if you jump out of the airplane, you don't go anywhere else. You are still one with everything. That is more true than I can say and more true than you can hear.

私たちのほとんどは、大きいか小さいか、黒いか白いか、物質的か精神的か、といった観点からの違いによってものを理解しています。精神的と言うとき、物質的でないもののことを意味していますが、仏教によれば、精神的なものも依然としてリアリティの現象的な側面に属しています。もう一つの側面、私たちが存在論的（ontological）、あるいは本体的（noumenal）側面と呼ぶものは見ることができないものです。「精神的」「物質的」の以前に、もう一つの側面はすでにそこにあります。それは、大きいか小さいか、黒か白か、男か女かといった観点で、小さな心（small mind〔小心〕）によって理解できるものではありません。そのようなやり方だけによって理解するのは、実際の存在に限定を押しつけることになります。

現象的な観点からリアリティや自分自身を理解しようとしている限り、それは不可能です。「精神的」「物質的」以上の何か、「正しい」「間違い」以上の何かがあるということが理解できたら、それこそがリアリティなのです。それこそが実は私たち一人一人なのです。このことを知ることは、手放すことであり、正しい、間違い、生、死、精神的、物質的といった考えから自由になることです。

みなさんは精神的であろうとして懸命に努力しますが、それでも依然として一方の側だけに存在していて、自分のもう一方の側を無視しています。だから、苦しむのです。もしほんとうに悟りを得て、ほんとうの自分を知りたいのなら、良いか悪いか、生か死かといった考えを乗り越えていかなければなりません。どうやってそうするかと言えば、坐禅を通してです。何かがやってきたら、やってくるままにします。それを良い悪いといった観点から考えてはいけません。来るにまかせ、去るにまかせなさい。それが実は坐禅なのです。あれやこれやの考えを乗り越えて、ただ自分自身でいるのです。

みなさんや他の人たちは、精神的あるいは肉体的であるだけではありません。ある人が間違ったことをしているように見えても、誰がそれを確かだと言えるでしょうか？　人々はそう言うかもしれません。みなさんもそう言うかもしれません。しかしその当人は良くも悪くもないのです。社会には基準というものがあります。私たちは道徳的な規範を暫定的に設けます。そしてこれは良いことだとか、これは悪いことだと言います。しかしそれは変わります。もし道徳的な規範、判断の基準が変わるのなら、今日は悪いとされた人が明日、あるいは一、二年後には良い人になるということがあり得ます。良い、悪いは時に応じて決まるのです。しかし、ものそれ自体は良くも悪くもないのです。

ものごとがどう進展するかは原因と結果の問題です。今存在するものはなんらかの結果のための原因となり、その結果はまた別な結果のための原因となります。それ自体としては良くも悪くもない何かがそのように進展しているのです。それがリアリティです。このポイントが理解できていないと、ものを良い、悪いの観点で理解しがちです。良い人と悪い人がほんとうにいると思ってしまうのです。しかし、私はそのようには理解しません。ものごとはただ起こり続けているだけなのです。この点を認得するなら、それが手放し（renunciation）ということです。

坐禅をしているとき、みなさんは自分自身になっています。「自分は良い人間だ。私の修行は完璧だ」などと言うことはできません。もちろんみなさんは完璧です。初めから、完璧です。しかし、みなさんが「自分は完璧だ」とさらに言う必要はありません。たとえ自分が完璧だと気づかなくても、みなさんは完璧です。だから、私たちはみんな仏であり、仏性は常に発展していると言うのです。

「私はここにいる。みなさんはそこにいる」と言います。そう言っても大丈夫です。しかし実際には、私がいなければみなさんは存在しません。みなさんがいなければ私は存在しません。まさにその通りです。私がここにいるから、みなさんがそこにいるのです。みなさんがそこにいるから、私がここにいるのです。みなさんは「彼はタサハラにやってこないけれども、私はここに存在していて彼を待っている」と言うかもしれません。たぶんそうでしょう。でもそれでは完全な理解とは言えません。私はページ通り三〇〇番地（シティ・センターの住所）にずっといました。そして、その事実はあらゆるものと連関しています。みなさんもまたあらゆるものと連関しています。私は、高速道路、木、空気、星、月、太陽と連関している建物に、サヨナラと言うことができませんでした。もし、みなさんが太陽や月と連関しているように、私も太陽や月と連関しているとすれば、私たちがいつでも連関しているのに、私はここにいて、みなさんはそこにいると言うことがどうして可能でしょうか？

みなさんはそこにいて、私はここにいると言っているのは、みなさんの心にすぎないのです。それだけのことです。本来私たちはあらゆるものと一つなのです。誰かが死んだら、その人はそれが完全に消滅することは果たして可能でしょうか？　それは不可能です。何かが無から突然現れるということもまた不可能です。ここに存在しているものは完全に消えてしまうことはできません。それはその形態をかえることはできます。それだけです。だから私たちはいつでも一つなのです。

皮相的なレベルでは、みなさんは自分が孤独な感じがすると言います。しかし、みなさんがとても誠実であり、自分の小さな心をほんとうに手放すなら、恐れや感情的問題はありません。みなさんの心はいつでも平静で、みなさんの眼はいつも開いていて、みなさんは鳥がさえずればその声を聞きます。花が咲けばそれを見ることができます。みなさんには何も心配することなどありません。もしみなさんが何ごとかを心配しているのなら、そのことを興味深い小説と見なすでしょう。それを読むのはとても興味深いものです。しかし、それは恐れたり、心配したりするものではありません。ものごとをそのように理解するなら、私たちは人生を部分的にではなく全面的に愉しむことができます。

先日、東海岸から飛行機で帰ってくるとき、私は美しい夕陽を見ました。西に向かって飛んでいると夕陽はかなり長い間続きます。地上の人は暗いのでもう太陽がなくなったと思いますが、空の高いところを飛んでいると、まだ夕陽があるのです。美しい雲も見ることができます。しかし見ることは素晴らしいのですが、同時にとても孤独感を感じる人がいるかもしれません。しかしどこにいても、人は、自分の見ている雲や太陽や星と一つです。飛行機から飛び降りたとしても、どこか他の場所にいくのではありません。依然としてあらゆるものと一つです。そのことは私が口で言うことができるよりもはるかにほんとうであり、みなさんが耳で聞くことができるよりもはるかにほんとうのことです。

私はここで、何か奇妙なことや神秘的なことを話しているのではありません。もしみなさんがそう思うのなら、それはみなさんの真実さがまだ充分ではないということです。ほんとうであることを感じるのに充分なほどには深く感じてはいないということです。自分自身でいることができるほどに誠実でいなさい。それが私たちの努力の方向です。ここでも、道元禅師は「もし生と死から離れようと思うなら、生と死から逃げ出そうとしてはいけない」と言っています。生と死は私たちの人生にとってのいわば備品なのです。生と死がなければ、私たちは生存できません。生と死があることは私たちの喜びです。私たちはそのように真理を理解します。

要するに、あまりたくさんの「自家製クッキー」、つまり大きい、小さい、良い、悪いといった考えを作らないようにしなさいということです。必要な数だけのクッキーを作ればいいのです。食べ物がなければ生存できません。ですからクッキーを作ることはいいことです。でも作りすぎないようにしなさい。問題を持つのはいいことです。問題がなければ私たちは生存できません。しかし、くれぐれもそれが多すぎないようにしなさい。自分のためにもうこれ以上問題を作る必要はありません。問題はもうすでに充分にあるのですから。

自分の人生をほんとうに理解できたら、坐禅を修行することすら必要ありません。私がこうしてアメリカにやってきて滞在することすら必要ないのです。みなさんが自分のためにちょうどいいくらいの数の自家製クッキーを作ることができたら、私は日本に帰って日本のクッキーを食べればいいのです。でもみなさんがあまりにもたくさんのクッキーを作りすぎるので、私はそのうちのいくつかを食べなくてはなりません。みなさんの手助けをしなければなりません。この点を理解して、ちょうどの数のクッキーを楽しめるのなら、それが仏教の道です。それが人生を愉しむやり方であり、私たちが坐禅をする理由です。特別な悟りを得るために坐禅をするのではありません。ただ自分自身であるため、ただ無益な努力とか傾向性から自由であるため、そのために私たちは坐禅を修行するのです。

どうもありがとう。

第5部　どこにいても　そこに悟りがある

PART FIVE
Wherever You Are, Enlightenment is There

私たちの不完全な修行のなかにさえ、悟りがあります。ただ、それを知らないだけです。大事なことは、悟りを得る前に修行のほんとうの意味を見出すことです。どこにいようと悟りはそこにあります。自分のいるまさにその場所で立ち上がるなら、それが悟りです。

"Even in our imperfect practice, enlightenment is there. We just don't know it. So the point is to find the true meaning of practice before we attain enlightenment. Wherever you are, enlightenment is there. If you stand up right where you are, that is enlightenment."

29 どこにいてもそこに悟りがある

Wherever You Are, Enlightenment is There

私たちが見るもの、聞くもので完全なものは一つもありません。しかし不完全さのまさにただなかにこそ、完全なリアリティがあるのです。

Nothing we see or hear is perfect. But right there in the imperfection is perfect reality.

修行において最も重要なのは、私たちには仏性があるとはっきり知ることです。私たちは知的にはこのことを知っているかもしれませんが、それを受け入れることはかなり困難です。私たちの日常生活は良い、悪いの世界、つまり二元性の世界にあります。一方、仏性は良いも悪いもない絶対の世界に見出されます。二重のリアリティがあるのです。私たちの修行は良い、悪いの相対的な世界を越えて、絶対を体得することです。これは理解するのがかなり難しいことかもしれません。

一九六五年に遷化された有名な禅匠である橋本〔恵光〕老師は、日本人の料理のやり方はそれぞれの食材を別々に準備することだと言っています。お米はここ、漬物はあそこ、という具合です。しかし、それらをお腹に入れてしまえば、どれがどれやらわからなくなってしまいます。お汁、お米、漬物、そしてあらゆるものがみんなまぜこぜになります。絶対の世界とはそういうものです。お米、漬物、そしてお汁が分離したままになっている限り、それは働いていません。みなさんは滋養を得ていません。知的な理解、本から得た知識というのはそのようなものです。つまり、現実の生活から遊離したままなのです。

坐禅修行はさまざまな理解の仕方を混ぜ合わせ、それが全部一緒に働くようにさせることです。灯油ランプは灯油がいっぱい入っているという理由だけでは働きません。燃焼のための空気も必要です。空気があっても、さらにマッチも必要です。マッチ、空気、灯油の助けによってランプはうまく機能します。これが私たちの坐禅です。

同じように、「私には仏性があります」と言っても、それだけでは、それが働くためには充分ではありません。友人あるいはサンガがなければ、うまく働きません。サンガの助けを借り、仏に助けられて修行するとき、ほんとうの意味において坐禅を修行することができるのです。ここタサハラの禅堂、あるいは日常生活において、明るい灯火を持つことができるでしょう。

いわゆる悟り体験を持つことはもちろん大切です。しかしもっと重要なのは、坐禅や日常生活において炎の調節をすることです。炎が完全燃焼しているなら、油の臭いはしません。煙が出ているようなときには何かが臭います。それが灯油ランプからだとわかるでしょう。みなさんの生活が完全燃焼しているなら、なんの不平不満もないし、自分の修行をことさらに意識している必要ありません。坐禅についてあまりにもしゃべりすぎるなら、それはもうすでに煙の出ている灯油ランプです。

たぶん私は煙のたくさん出ている灯油ランプでしょう。私は必ずしもみなさんにこういう講話をしたいと思っているわけではありません。ただみなさんと一緒に生活したいだけです。石を動かし、素敵な熱い温泉風呂に入り、美味しいものを食べる。禅はまさにそこにあります。私がこうして話しはじめると、それはもうすでに煙の出ている灯油ランプです。私は講話をしなければならない以上、なんらかの説明をしなければなりません。「これが正しい修行です。これは間違っています。これが坐禅を修行するやり方です……」。それはみなさんに料理のレシピを与えているようなものです。それは役に立ちません。レシピを食べることはできないのですから。

禅匠はたいてい「坐禅を修行しなさい。そうすれば悟りを得るだろう。もし悟りを得たら、あらゆるものから自由になれる。そしてものをあるがままに見るようになるだろう」と言います。もちろん、これはほんとうのことです。しかし、私たちの道は必ずしもそうではありません。私たちはランプの炎を、強めたり弱めたりしてうまく調節することを学んでいます。道元禅師は『正法眼蔵』のなかでこのことについて触れています。彼の教えは一瞬一瞬を、ランプかロウソクのように、完全燃焼して生きなさいということです。あらゆるものと一つになって、一瞬一瞬を生きるということが彼の教えと修行の核心です。

禅の修行は大変繊細なものです。坐禅を修行するとき、仕事をしていたときにはまるで気づかなかったものに気づくようになります。今日、私はしばらくの間、石を動かす仕事をしていました。そして自分の筋肉が疲れていることに気づいていませんでした。しかし、静かに坐って坐禅をしていると、「ああ！　私の筋肉はかなり調子が悪いな」と気づいたのです。体のあちこちに痛みを感じました。みなさんは、問題が何もないほうがもっとましな坐禅ができるはずだと思っているかもしれませんが、ほんとうのところは、ある程度の問題があることが必要なのです。大きな問題である必要はありません。抱えている困難さを通して坐禅を修行することができるのです。これは特に有意義なポイントです。だからこそ、道元禅師は「修行と悟りは一つである」と言ったのです。修行とはみなさんが意識的に行う何かです。努力と共に行う何かです。そこです！　そこに悟りがあります。

多くの禅匠たちは、完全な坐禅を達成するために懸命に努力しているときに、この点を見逃しました。存在しているものは不完全です。実際、あらゆるものはこの世の中ではそのような在り方で存在しています。私たちが見るもの、聞くもので完全なものは一つもありません。しかし、不完全さのまさにそのなかに完全なリアリティがあるのです。知的にも、また修行の世界においても、それはほんとうです。紙の上でもほんとうですし、私たちの体についてもそれはほんとうです。

悟りを得た後になって初めてほんとうの修行を確立できると思っているかもしれませんが、そうではありません。ほんとうの修行は迷妄のなかに、欲求不満のなかに打ち立てるのです。誤りを犯したときには、そこが自分の修行を打ち立てる場所なのです。自分の修行を確立する場所はそこ以外にはありません。

私たちは悟りについて語りますが、ほんとうの意味での完全な悟りは私たちの理解や経験をはるかに超えています。私たちの不完全な修行のなかにさえ、悟りがあります。それを知らないだけです。大事なことは、悟りを得る前に修行のほんとうの意味を見出すことです。どこにいようと悟りはそこにあります。自分のいるまさにその場所で立ち上がったら、それが悟りです。

これは「不識の坐禅（I-don't-know zazen〔「不識＝知らない」という状態で坐っている坐禅〕）」と呼ばれています。私はもはや坐禅が何であるのか知りません。自分が誰であるのかも知りません。自分が誰であり、どこにいるかもわからないときに完全な冷静さを見出す、それがものをあるがままに受け入れるということです。自分が誰であるのかわからないけれども、みなさんは自分を受け入れます。それがほんとうの意味での「自分」なのです。自分が何者であるかがわかっているとき、その「自分」はほんとうの自分ではありません。みなさんは自分をきわめて簡単に過大評価します。しかし、「ああ、私にはわからない」と言うとき、みなさんは自分になっています。そして、みなさんは自分自身を完全に知っています。それが悟りです。

私たちの教えはとても優れたものだと私は思っています。しかしもし、傲慢《ごうまん》になって自分たちをあまりにも信じてしまうとしたら、私たちは道に迷ってしまいます。教えも仏教もまったくなくなってしまいます。冷静な状態のなかに人生の喜びを見出しても、それが何なのかわからず、何も理解できないとき、私たちの心はとても大きく、とても広いものになっています。心はあらゆるものに向かって開かれていますから、何かを知る前に知ることができるくらい大きいのです。何かを得る前でさえ、ありがたさを感じます。悟りを達成する前でさえ、道を修行することをうれしく思うのです。そうでなければ、ほんとうの意味において何かを達成するということは不可能です。

どうもありがとう。

30 悟りにこだわらないこと

Not Sticking to Enlightenment

ほんとうの悟りはいつでもみなさんと一緒です。それにこだわる必要などありませんし、それについて考える必要さえありません。ほんとうの悟りはみなさんといつでも一緒ですから、困難なことそれ自体も悟りなのです。みなさんの忙しい生活そのものも悟りの活動です。それがほんとうの悟りです。

Real enlightenment is always with you, so there is no need for you to stick to it or even to think about it. Because it is always with you, difficulty itself is enlightenment. Your busy life itself is enlightened activity. That is true enlightenment.

六祖慧《え》能《のう》は「空（emptiness）に安住して平静な心でいることは坐禅ではない」と言いました。「結跏趺坐の姿勢で坐ることが禅ではない」とも言っています。一方で私は、「ただ坐りなさい」といつもみなさんに言っています。私たちの修行がどのようなものかを理解していないで、言葉にとらわれると、わけがわからなくなってしまうでしょう。しかしもし、ほんとうの禅がどのようなものかを理解できているなら、六祖の言葉は私たちへの一種の警鐘だということがわかるでしょう。

さて今、私たちの接心はほとんど終わろうとしています。まもなくみなさんは家にもどって、日常生活の活動に関わることになります。みなさんが本物の坐禅をやってきたのなら、日常生活にもどることをうれしく思うでしょう。もどることを勇気づけられている感じがするでしょう。しかしもし、街の暮らしや日常生活にもどることに気が進まないような感じがしているなら、それはみなさんが坐禅にまだこだわっているということです。だから、六祖は「空に安住し、修行にこだわっているなら、それはほんとうの坐禅ではない」と言ったのです。

坐禅をしているとき、一瞬一瞬、みなさんは今この瞬間に持っているものを受け入れます。そして自分のしているあらゆることで満ち足りています。みなさんはそれをただ受け入れるのですから、そこにはなんの不平不満もありません。それが坐禅です。たとえそれができなくても、何をするべきかはわかっています。坐禅をすることが、他のことをするのを励ましてくれるでしょう。坐っているとき、自分の痛い脚を受け入れるように、日常生活を受け入れます。もしかしたらそのほうが、坐禅の修行よりもっと難しいことかもしれません。

ほんとうの修行の味わい、特に今回の一週間の坐禅接心の味わいを味わえるようになって、その修行の味わいを失うことなく忙しい活動にもどることができるなら、それは素晴らしい励みになるでしょう。それは容易なことではないとしても、またみなさんが忙しいとしても、それでも心の中には平静さの味わいがいつもあります。それはその味わいにこだわっているからではなく、みなさんがそれを愉しんでいるからです。それを愉しんでいるとき、それにこだわる必要はありません。ですからみなさんが修行のほんとうの味わいを味わっているなら、いつも、何をやっていても、それを愉しむことができます。

自分は悟りを得たと思うかもしれませんが、もし忙しかったり、何かの困難に出会って、またあの体験が必要だと思うなら、それはほんとうの悟りではありません。それはみなさんがこだわっている何かだからです。ほんとうの悟りはいつでもみなさんと一緒です。それにこだわる必要などありませんし、それについて考える必要さえありません。ほんとうの悟りはみなさんといつでも一緒ですから、困難なことそれ自体も悟りなのです。みなさんの忙しい生活そのものも悟りの活動です。それがほんとうの悟りです。

最近では、若い人たちはデート［日時を決めて会うこと］をしています。しかし、悟りはデートして会えるようなものではありません。みなさんが自分の生活をうまく按配《あんばい》して、特定の時間に起床し、特定の時間にお弁当を受け取り、仕事に出かけ、もしガールフレンドかボーイフレンドがいるなら、その人に会います。デートする必要などありません。みなさんがたいてい彼女を見かける街角に、彼女は特定の時間にやってきます。それが私たちのやり方です。わざわざ電話をかけるというのはどちらかといえば愚かなことですし、わずらわしいことです。電話でデートの約束をするとしても、――「ねえ、ぼくは今、家を出かけるところだよ」――もし彼女がその街角に来なかったら、がっかりしてしまいます。デートの約束をしないで、彼女がその街角にやってきたら、みなさんはほんとうに大喜びするでしょう。

　それこそがみなさんが悟りを得るときの様子なのです。これは笑い事ではありません。私はほんとうのことを話しています。デートの約束をしないということは悟りを期待しない、悟りにこだわらないということです。悟りに励まされているなら、彼女を見ること、ほんのチラッとでも見ることができたら、それで充分です。一日中みなさんは幸せでしょう。彼女にあまりにも多くを要求しているなら、もうそれはすでにみなさんが悟りにこだわっているということです。

　六祖が「空に安住しているなら、それはほんとうの修行ではない」と言ったとき、彼が言わんとしていたことの意味はそれなのです。もともと、彼はある有名な言葉によって悟りを開きました。「何ものにも住することなく、ほんとうの心を得る〔応《おう》無《む》所住而生其《しょじゅうにしょうご》心《しん》〕」。何かにこだわっていると、悟りを失ってしまいます。デートとか会う約束を取り付けようと一生懸命になっても、それはうまくいきません。そのようにして得た悟りはみなさんがこだわっている悟りです。みなさんといつでも一緒にいるようなもの、いつもみなさんを励ましてくれるものではありません。

この点は非常に重要です。接心が終わった後でも、日常生活のなかで修行を続け、ほんとうの悟りを得なさい。今回はとても実り多い接心でした。みなさんのなかには、私たちの修行の美味しい味わいを味わった人もいるでしょう。もしそうでないとしても、坐禅をどのように修行すればいいのかは理解してもらえたと思います。ですからこれからは、師の正しい指示に従って誠実に修行を続けてください。そうすればいつか修行の味わいを味わうことができます。

どうもありがとう。

31 自分だけのための教え

The Teaching Just for You

たとえ自分の修行はたいしたことがないと言っても、今ここでは、自分のための修行というのはそれ以外にはないのです。良いにせよ悪いにせよ、それが自分の修行です。

…Even though you say your practice is not good enough, there is no other practice for you right now. Good or bad, it is your practice.

私たちが修行するときには、たいてい何かを期待しています。一生懸命努力すれば、修行が向上するだろう。修行において目標をめざせば、最後にはそこに到達するだろう。修行が日に日に向上し、健康や精神状態を増進してくれる、そういう考えを抱いています。それはその通りですが、完全な理解だとは言えません。

目標というのは一年か二年か先に到達する何かではなく、まさに今ここにあるという理解を持って、私たちは坐禅をしています。修行の目標は今いるここなのです。このような理解を持って修行するとき、多くのことに対処し、今現在やっている修行に完全に関わりながら、集注した状態にとどまっています。私たちがさまざまな指示《インストラクション》を出すのはそのためです。修行をしている最中に、その目的をその場で感じ取れるくらい一生懸命に修行できるようにするためです。

「私の修行は目標とか意味のすべてを今ここで感じ取れるほどに優れたものではありません」とみなさんは言うかもしれませんが、たとえ自分の修行はたいしたことがないと言っても、今ここでは、自分のための修行というのはそれ以外にはないのです。良いにせよ悪いにせよ、それが自分の修行です。完璧な修行に近づいていくには、自分自身を受け入れる以外に道はありません。しかし、自分の修行がたいしたものではないと言ったところで、少しも修行の助けにはなりません。しかし、自分の修行はたいしたものだと言うこともまた助けにはなりません。みなさんの修行はどこまでもみなさんの修行です。良いとか悪いとか、いろいろな言い方でそれについて語っていますが、それだけのことです。まずはじめにこの点について知っておかなければなりません。だから私たちは「みなさんの修行はたとえたいしたものでなくても、それが完全な修行なのです。ただ坐りなさい」と言うのです。

みなさんはこれを聞いて自分抜きの客観的な形で理解し、それを自分の口実として使うかもしれません。「いずれにせよ、私たちはこの禅堂に坐っている。だからそれは完全な修行なんだ。自分を励ましたりする必要などないし、一日中坐っている必要もない。ほんの少し坐りさえすればそれでいい。一回坐れば充分だ」。こうした理解はとても浅はかです。主体的な側面からの理解が少しもありません。

真理はいつでもここにあります。しかし、真理を実際に修行していないのに、そういうことをただ口で言うだけならば、それは私たちが「画に描いた餅（画餅《がべい》）」と呼ぶものです。つまり、食べることのできない餅の画のことです。みなさんは坐っているかもしれませんが、画に描いた餅を食べているのです。ですからなんの味わいもありませんし、なんの意味もありません。だから途中でやめてしまうでしょう。「これはなんの結果ももたらさない。だから、禅センターが出す食べものを食べるのではなくて、ダウンタウンに行って何か別なものを食べたほうがましだ」ということになります。

人々がみなさんのことを「禅の修行者」と呼ぶのをうれしく思うかもしれません。もしそうだとするなら、みなさんの修行はみなさんの吾我を元気づけているのです。でもそれは禅の修行をしていることではありません。そのように坐っているなら、禅はなんの意味もありません。ほんとうの坐禅は、そのようであるはずがありません。もし禅がそのようなものだったなら、ずっと昔にこの世から消滅していたでしょう。真理のもう一つの側面のおかげで禅はまだ生きています。仏教のさまざまな祖師たちや偉大な聖者たちは「ブッダは、他の誰のためでもなく私のためだけに教えを残してくれた。ブッダは『法華経』をこの日蓮だけのために残してくれたのだ」と言っています。もし、その側面が忘れられたらブッダの教えは紙くずも同然です。

ということです。それは教えを自分自身のものとして全面的に受け取っているということです。

私たちの坐禅修行においても必要なのはそういう精神です。誰もが日蓮になれます。誰もが道元、あるいは菩提達磨になれます。私は坐禅をしますから、ブッダがいます、道元がいます、菩提達磨がいます、そしてブッダの教えがあります。自分が世界にたった一つの存在であり、他の誰も自分の場所を代わってくれないということを理解します。その通りです――すべての教えはただ自分だけのためにあります。若いときには、そういう気持ちはありません。自分はまだ五〇年、あるいは百年さえ生きられると思っています。ですから今日という一日は自分にとってそう価値があるようには思えません。しかし、私ぐらいの年齢になれば、「私はこのたった一つの存在だ。誰一人として私の場所を代わってはくれない。だから自分で自分をごまかしてはいけない」と実感を持って感じるようになります。

これは誰にとっても大変重要なポイントです。私たちの道を修行している人たちにとっては特にそうです。このような自信あるいは理解がなければ、自分の修行の弱点を露呈することになります。「ああ、だめだ。私はまだまだだ。自分を見てみろ――私は坐禅を修行することなどできない。禅は素晴らしく、そして完全だ。しかし私にはこの修行をすることなど不可能だ」。自分の性格の弱さや自分の行いの欠点を感じ、そのように思い込んで、坐ることができなくなります。しかし、みなさんが自分についてなんと言おうとも、みなさんは唯一無二の存在です。逃げることはできません。なぜなら全世界がみなさんのものだからです。これは私たちが言葉で語ることができる真理を超えています。これは究極的な真理です。

自分が唯一の存在であるという事実をどのようにすれば否定できるでしょうか？　自分を批判することはできます。それは簡単です。しかし自分が唯一の存在であるという事実を受け入れると、「いい修行」だとか「だめな修行」だとか言う余裕はなくなります。この真理に耳を傾けないから自分を批判する余裕があるのです。この点を理解できたら、真理を見たり聞いたりすることができるし、坐禅を修行することもできます。真理を、それがなんであれ、受け入れることができます。修行するというのは、真理の具現として自分が見ているあらゆるものに向かって自らを開いていくことです。これこそが私たちが坐禅を行じる理由であり、誰もが私たちの修行に加わることができる理由なのです。そして、この修行がみなさんの生活におけるあらゆる活動を含んでいる理由でもあるのです。

これは、何かを得るための手段としてなされる他の修行と比較することができるような修行ではありません。ちょうど科学的な知識が蓄積されていくように、多くの人々の経験から、坐禅のやり方についての教示法が蓄積されて、私たちが今行っているような坐る形、呼吸するやり方が出来上がりました。しかし、仏教の智慧は真理の主体的な側面を強調します。誰もが仏だと、私たちが言うのはそのためです。そうやって私たちはブッダの教えをあらゆる人たちに伝えていくのです。それは単なる紙の上での伝授ではありません。主体的側面はいつも私たちとともにありました。真理の客観的側面を失うことなく、この点が常に強調されてきたのです。

自分たちのことを「スピリチュアル」だという人たちは真理の客観的側面を無視することがあります。それもまた間違いです。しかし、真理の客観的側面に捕えられ、不真面目な態度でそれに依存することはなんの助けにもなりません。たとえ月に行くことができても、たいした役には立ちません。客観的な、科学的な真理に寄りかかっている限り、それは助けにはなりません。私たち一人一人が真理を感じ、理解し、受け入れ、その真理に随順することができるようになったとき初めて、それは役に立ちます。真理を学ぶために自分をその真理の外側に置くとしたら、自分に何かが起きたとき何をしたらいいのかわからなくなるでしょう。

古代中国の物語で、龍が大好きな人の話があります。その人は龍について語り、龍の絵を描き、いろいろな龍の作品を買い集めました。「もし、自分のような本物の龍がこの人を訪ねたら、さぞかし喜ぶことだろう」と考えた龍がいました。ある日、この本物の龍がこの男の部屋にこっそり入ってきました。その男は何をしたらいいかわかりませんでした！「わぁー！」走って逃げることさえできませんでした。立つことすらできません。長い間、私たちはこの龍を讃《たた》えた男のように生きてきました。しかし、私たちは龍の友人とか讃美者にとどまっているべきではありません。龍そのものにならなければいけないのです。そうすれば、どんな龍も怖いとは思わないでしょう。

私たちは私たちの道を、主体的にも客観的にも学ぶのです。そのように修行するなら、坐禅はみなさん自身の坐禅となります。みなさんは仏なのですからいろいろな仕方でみなさんの本性を表現していくでしょう。それが修行の形から自由になるということです。何をしても、みなさんはほんとうに自分になっているでしょう。ほんとうの意味で仏になっているでしょう。このような理解を持って行われる修行と、形、指示、教えについての貧弱で皮相的な理解を持って行われる怠惰な修行とでは、大きな違いがあります。結局、ブッダが言ったように、頼ることができるような人などどこにもいないのです。ですから、自分があらゆるもののボスにならなければなりません。そうすればブッダの教えと私たちのしている修行を自分のものとして理解することができるでしょう。

どうもありがとう。

32

地面によって立ち上がる

Stand Up by the Ground

地面はいつも同じだとは限りません。時には杖であることもあれば、石であることもあります。水であることもあるでしょう。地面というのは……あらゆるものを意味しています。単に「地面」だけではないのです。それは、同じ経験を繰り返そうとしないで、私たちの道を修行するということです。

The ground is not always the same. It can be a stick sometimes, or it can be a stone. It can even be water. The ground...means everything, not just 'ground.' It means to practice our way without trying to repeat the same experience.

リアリティについて語るということは、坐禅や日常生活において私たちの道をどのように修行するべきかを理解することに他なりません。道元禅師はリアリティの性質について語るとき、「恁麼《いんも》」という中国語あるいは日本語を使っています。恁麼というのは「このように」とか

「ただこれだけ」という意味ですが、「これは何か」という質問にもなります。

「恁麼」はまた「それ（it）」という意味にもなります。英語では「It is hot（暑いです）」と言います。その「it」は「it is nine o'clock（九時です）」というときの「it」と同じ言葉、同じ意味です。みなさんは時間や気候に対して it（それ）を使います。しかし時間や気候に対してだけではなく、ほんとうはあらゆるものが「それ」なのです。「私たち」も「それ」です。いいですか？　でも「それ」とは言いません。「それ」という代わりに、「彼」「彼女」「私」と言います。しかし実際に意味しているのは「それ」なのです。もしそのようにあらゆるものが「それ」であるなら、それは同時にクエスチョン・マーク〔疑問符〕でもあります。私が「それ」と言うとき、みなさんは私が何を意味しているのかはっきりはわからないでしょう。それでこう尋ねます。「『それ』って何ですか？」と。

時間について語るとき、「それ」は食事の時間かもしれませんし、講義の時間かもしれません。私たちにはわかりません。だから「それ」は誰にとってもクエスチョン・マークになります。「何時ですか（What time is it?）」あるいは「講義の時間ですか？（Is it time for lecture?）」と言ったりします。ですから「それ」あるいは「恁麼」は明確に限定されたものであり、同時に質問でもあります。これは私たちが知っておくべき重要なことです。今、「それ」は暑いのですが、「それ」は必ずしもいつでも暑いわけではないのです。「それ」は寒いこともあるのです。

私たちが時間について語るとき、時間が連続的であることを理解していますが、また時間は明確に限定されたものであることも理解しています。私たちが「それ」は八時半であると言うとき、ある特定の時刻を指しています。ここでは時間は非連続的です。しかし時間はその性質上、連続的ですから、同じ一つの言葉が、連続性と非連続性という二つの側面を持っていることになります。これがリアリティの性質です。

道元禅師は修行について、それを何か特別なものとしてではなく、連続的なもの、あらゆるものと渾然《こんぜん》一体となったものとして語っています。道元禅師はこう言います。「地面の上で倒れたら、地面によって起き上がりなさい〔地によりてたふるるものは必ず地によりておく〕」と。わかりますか？　地面の上で倒れたら、その場所で地面によって起き上がるということです。彼はこうも言っています。「地面の上で倒れたら、空によって、無によって、起き上がりなさい〔地によりてたふるるものは、必ず空によりておく〕」。なぜそうなのかということを議論しないと、この教えを完全に理解することはできません。

実際、私たちはこのようにして地面によって起き上がっています。しかし道元禅師はそれではいけないと言います。それはどういうことなのでしょうか？　いつでも地面の助けによって起き上がれると思っていて、地面の上で倒れることを気にかけないでいると、実に安易に地面の上で転んでしまうようになるでしょう。こういうふうに考えるようになるのです。「大丈夫だ。地面の上で転んでも、地面によって起きられるさ」。こういう思い込み、あるいは安易な考えで修行するとすれば、それは間違った修行なのです。

これは重要なポイントです。それは悟りのようなものです。悟りに寄りかかっていたら、安易に誤りを犯したり、地面の助けをアテにして地面の上で安易に転んだりする人間になってしまいます。わかりますか？　これはとても微妙なポイントです。もちろん私たちは地面によって起き上がらなければなりません。しかし、いつでも地面の助けがあるという考えにこだわっていると、地面に向かって倒れるということのほんとうの意味を見失ってしまいます。言い換えれば、たとえ誤りを犯しても、どうやって起き上がるかを知っているから問題ないと思って、それと同じ誤りを何度も何度も繰り返してはいけないのです。

それは私たちがリアリティと言うときに意味しているものではありません。ものごとは二度と同じようには起こりません。地面はいつも同じだとは限りません。時には杖であることもあれば、石であることもあります。水であることもあるでしょう。地面というのは「それ」なのです。いいですか？「それ」はあらゆるものを意味しています。単に「地面」だけではないのです。それは、同じ経験を繰り返そうとしないで、私たちの道を修行するということです。

ですから私たちの修行においては寄りかかるものは何一つありません。しかし一方では、いつも私たちに与えられてくるものがあります。いつもです。状況に応じて、私たちの道を修行するためのなんらかの助力が与えられます。みなさんの脚の痛みでさえ助力なのです。みなさんが味わっている痛みによって、みなさんは道を修行するのです。その痛みは「それ」です。

「それ」はあらゆるものです。しかしそのとき、「それ」はある明確に限定された経験、あるいは特定のトラブルです。「それ」は眠気であることもあれば、空腹感であることもあり、また暑い気候であることもあるでしょう。暑い気候、気持ちの良い涼しい気候、あるいは空腹感、蚊、脚の痛み、こうしたものはみなさんの修行にとっての助力になり得るのです。その助力によってみなさんは起き上がり、修行を打ち立てるのです。ですから、ブッダの教えだけではなく、あらゆるものが私たちにとっての助力になり得るのです。

「恁麼事《いんもじ》」とは「もの」を意味し、「恁麼人《いんもにん》」とは坐禅を修行している人のことです。「何かを修行している誰か」――それがリアリティです。あるいはこうも言えるでしょう。「何かをしている誰か」と。そうすると、「恁麼」というのは非連続的な、形と色を備えた特定の存在になります。しかし道元禅師が言うように、禅の修行は連続的なもので、あらゆるものと渾然一体になっているものです。

もしそうなら、「坐禅をしている誰か」はすでにあらゆるものを含んでいます。誰かをこの世界から分離することはできません。何かの行為は世界全体という背景なしには存在することができません。なにごとかを、他のことから切り離すことは、そもそもできないのです。ですから、「何か」「している」「誰か」というのは実はすべて同じことなのです。いいですか？ もしそれらが同じことなら、「何か」「何か」「何か」と言ってもいいはずです。それは何でしょうか？ それは完全な悟りです。あらゆるものがこのような仕方で起きています。助けとか悟りといった考えにこだわっているなら、それはすでに誤りです。自分で自分自身をあらゆるものから分離させているからです。

「ああ、彼は曹洞禅を学んでいるのか。だから悟り体験を否定しているんだな」と言う人がいるかもしれません。そうではありません。私たち曹洞禅の修行者は何ものにもこだわりません。私たちには修行についての完全な自由、表現についての完全な自由があります。私たちの修行は自分の本性あるいはリアリティの生きた表現なのです。ですから私たちにとって、何かにこだわるということは不可能なのです。一瞬一瞬、新たなまっさらなやり方で修行していきます。

私たちの修行は過去の修行、未来の修行から独立したものでなければなりません。すべての仏たちはこのようにして悟りを得たし、未来のすべての仏もまたこのようにして悟りを得るのですから、将来何かを獲得するために私たちは現在の修行を犠牲にすることはできません。「このようにして」と言っても、それは特定のやり方のことではありません。時には曹洞宗的なやり方かもしれませんし、臨済宗的なやり方であることもあるでしょう。状況に従って、それ以外の別な宗派のやり方であることもあるでしょう。

花を見たときに、あるいは音を聞いたときに悟りを得る人がいるかもしれません。熱いお風呂に入ったときに、あるいはトイレに行ったときに悟りを得る人もいるでしょう。裕福な人あるいは貧しい人が、さまざまな仕方で悟りを得るでしょう。ですから実際には、曹洞宗的なやり方とか臨済宗的なやり方といったものがあるわけではないのです。

修行についてかなり抽象的な議論をしてきました。しかし、それが意味しているのは次のようなことです。「それがなんであれ、それを受け入れなさい」。さまざまな手段によって、一瞬一瞬私たちは道を修行しています。それ以外に悟りを得る道はありません。

どうもありがとう。

33 ちょうどいい分量の問題

Just Enough Problems

自分のいる場所でみなさんが抱えているあれやこれやの問題を受け入れなければ、ありのままの自分を受け入れることができません。……辛抱強く、問題が自分にとってなんらかの意味を持ちはじめるまで待つことができれば、それがたとえどのようなものであれ、自分がここにこうして存在していることと自分の置かれている状況をありがたく思うことができるでしょう。

Before you accept the problems you have, the position you are in, you cannot accept yourself as you are.... When you are patient enough and wait until the problem makes some sense to you, you can appreciate your being here and your position, whatever it is.

今日は接心の七日目、つまり最終日です。私たちはもうここまでやってきました。だからもはやそれを中断するわけにはいきません！　唯一の道はここにとどまるということです。私は今回とてもいい収穫が得られたと感じています。みなさんは自分がまだ充分には熟していないと感じているかもしれません。まだ熟している最中だとしても、私たちの倉庫の中にとどまっているならきっと、美味しいリンゴになれるでしょう。ですから私には何一つ心配していることなどありません。みなさんも自分の修行に関して心配する理由など一つもないと思います。

みなさんのなかには、たくさんの問題を抱えているのでこの接心を始めたという人がいるかもしれません。ここで七日間坐ったら自分の問題が解決するだろうと思ったでしょう。しかし、どんな問題を抱えていたとしても、そういう問題はいずれ解決していきます。仏は、みなさんが解決できる以上の、みなさんが必要としている以上の問題は与えてくれません。その問題が何であっても、それはちょうどいい分量の問題なのです。それで足りないのなら、仏は直ちにもっと問題を与えてくれます。みなさんが自分の問題をありがたいと思うくらいのちょうどの量の問題を与えてくれるでしょう。仏はいつでもみなさんになにごとかを与えています。対処すべきものが何もないとみなさんの人生はかえって空虚なものに感じられます。ですからどこまでも仏を信頼すべきだと思います。問題が何もない人生は、何もすることがないまま一週間禅堂で坐るようなものです。

ここの禅堂で一週間坐禅して、みなさんは多くの問題を抱えました。日常生活で抱えるよりももっとたくさんの問題をここで抱えてしまったと思ったかもしれません。ほんとうのところは、これまでずっと抱えていたのに、何かにだまされて気づいていなかったあれこれの問題を今あらためて見つけているだけなのです。自分の問題に気づいていないとき、そういった問題は思いがけない仕方で現れてきます。みなさんがもともと持っていなかった問題が現れてくるということはあり得ません。ほんとうはあるのにそれを見逃していたから、現れてくるとは思わなかっただけなのです。だから、なるべく早く自分の抱えている問題を見たほうがいいのです。

曹洞禅の修行者は壁に向かって坐禅をします。仏はみなさんの後ろにいます。みなさんは仏を信頼しています。完全に信頼できていれば、仏に向かい合う必要はありません。それは全幅の信頼をしている態度です。みなさんの敵や問題は、正面からではなく後ろからやってきます。ですから自分の背中側を仏に向かってさらすというのは、仏に対する全幅の信頼を表現していることになります。

自分はあまりにもたくさんの問題を抱えていると感じていたとしても、仏を信頼して、その問題と一緒に坐るのです。同時に、その問題が自分にとって大きすぎる場合は、その問題を拒否することができなければなりません。仏はこう言うかもしれません。「みなさんがそれをほんとうに必要としていないのなら、いつでも私がそれを引き受けますよ。それを私に返しなさい」と。しかし、その問題はみなさんの必要なものへと次第に変わっていくでしょう。「もしこの問題を私が拒否したら、それを後悔することになるだろう。これがほんとうの問題なのか、それとも仏の助けなのか私にははっきりとわからないのだから、たぶんそれを持っておいたほうがいいだろう」とみなさんは思います。このようにして坐っていると、自分の問題が、自分にとってかけがえのない価値のある宝であるということがわかるでしょう。

自分の坐る場所で自分が抱えているあれやこれやの問題を受け入れなければ、ありのままの自分を受け入れることができません。ほんとうのやり方で坐ることができません。自分の心を安定させ、仏を信頼し、ただ坐っているとき、そこにはもはや混乱も問題もありません。辛抱強く、問題が自分にとってなんらかの意味を持ちはじめるまで待つことができれば、それがたとえどのようなものであれ、自分がここにこうして存在していることと自分の置かれている状況をありがたく思うことができるでしょう。そのようにして坐禅を修行するのです。

坐禅を修行するとき、みなさんが自分の問題を解決するのを仏が手伝ってくれるだろうと期待する必要はありません。仏はもうすでにみなさんを助けているからです。しかし私たちはたいてい仏からの申し出を断ります。みなさんが助けを求めるときには、まだ自分に届いていない何かを要求します。そして、自分がすでに持っている宝物を受け入れようとはしません。みなさんは豚のようです。私が若いとき、父はとても貧しく、豚を育てていました。豚にバケツ一杯の餌をやると、みなさんがそこにいる限り、彼らはそれを食べません。みなさんがもっと餌をくれるだろうと期待しているからです。みなさんがあまり素早くそこから出ようとすると、豚たちは餌のバケツを蹴散らしてみなさんの後を追いかけてきます。ですからよほど注意深くしていなければなりません。

それがみなさんのしていることだと思います。自分の抱えている問題に取り組むことをしないで、何かそれ以外のことを探して、そのせいでさらなる問題を自分に引き起こしているのです。しかし、何かを探す必要などありません。もうすでにかなりの問題を、ちょうどいいくらいの分量だけ、抱えているのですから。これは実に不思議なことです。人生の謎です。私たちはちょうどいい分量の問題を抱えています。多すぎもせず少なすぎもせず。ですから誰かの助けなど頼む必要はありません。

充分辛抱強ければ、自分の問題を受け入れられるぐらい強ければ、仏を信頼し自分の存在を信じて、静かに安楽に坐ることができます。みなさんにはすでに助けが届けられていて、その助けられ方も完璧だからこそ、みなさんはここに存在しているのです。もし助けが多すぎれば、みなさんは死ぬでしょう。もし助けが少なすぎても、みなさんは死ぬでしょう。みなさんはちょうど自分に必要な分だけの助けを受け取っているのです。ですから唯一の道は仏を信用すること、自分がここに存在していることを信用することなのです。それが私たちが禅と呼んでいるものです。

みなさんはすべての禅匠がとても厳しい人間だと思っているかもしれません。みなさんにとって彼が厳しい人間であることが必要なときには彼は厳しい人間に見えます。しかし、彼はそんなに厳しくはありません――みなさんにとってちょうど必要なだけ厳しいのです。ただそれだけのことです！　ほんとうのところは、もしみなさんが坐禅をどのように修行するかを知っているなら、みなさんに師は必要ありません。

私はみなさんにただ坐って、熟したリンゴとして市場に出ていけるようになってほしいのです。私たちの修行に対して全面的な感謝の気持ちを持って坐りましょう。

どうもありがとう。

34 日面仏、月面仏

Sun-Faced Buddha, Moon-Faced Buddha

日面仏でもいい。月面仏でもいい。それが何であっても、それでいい――すべてのものが仏です。そして、仏すらもいないのです。

The Sun-faced Buddha is good; the Moon-faced Buddha is good. Whatever it is, that is good ―― all things are Buddha. And there is no Buddha, even.

このごろ私はずっと病気がちでした。私が長年坐禅をしてきているので、こう言う人がいるでしょう。「鈴木老師は風邪を引いたり、インフルエンザにかかったりしないだろう……なのに長いことベッドにいるっておかしくない?」。私たちは、坐禅は人を身体的に強健にしたり精神的に健康にしたりすると信じていますが、健康な精神というのは普通の意味で単に健康というだけではありませんし、病弱な身体というのも単なる病弱な身体のことではありません。弱いにしろ強いにしろ、その弱さや強さが、真理、あるいは仏性と私たちが呼ぶものに基づいているなら、それは健康な精神であり健康な身体です。

私の声はまだあまり良好とは言えませんが、今日はそれを試しているところです。うまく声が出せるかどうか、話をするかどうか、それは大きな問題ではありません。私たちに何が起きたとしても、それは起きるべくして起きているのです。私たちの修行の目的はこういった完全な落ち着きを得るということです。

『碧巌録《へきがんろく》』に馬祖道一《ばそどういつ》に関わる次のような公案があります。馬祖は体が大きく身体的に非常に強健な人、巨軀《きょく》の人でした。あるとき馬祖が病気になり、寺の管理をしている僧侶が彼を訪ね、こう質問しました。「ご機嫌いかがですか?　体調はいいですか?　わるいですか?」。すると馬祖は「日面仏、月面仏」と言いました。

日面仏は一八〇〇年間生きるとされています。月面仏は一日と一夜しか生きられません。病気のときには、私は月面仏でしょう。健康なとき、私は日面仏です。日面仏にしても月面仏にしても別に特別な意味があるわけではありません。私が病気だろうが健康だろうが、私は相変わらず坐禅を修行しています。違いはありません。ベッドに寝ているとしても、私は仏です。ですから、私の健康状態を心配してはいけません。

これはきわめて簡単な話です。馬祖に何が起ころうと、彼はものごとを「あるがままに(things as it is)」受け入れることができます。しかし、私たちは必ずしも何もかもを受け入れることはできません。良いと思うものは受け入れることができますが、何かが気に入らないと、それを受け入れません。私たちはものごとを比べます。「彼はほんとうの禅匠だ。だけどあの人はそうじゃない」とか「彼は優れた禅の修行者だ。しかし私はそうではない」。そういう理解はきわめて普通ですが、最終的にどの考えが信頼できるものなのかを見つけ出すことはできません。

大事な点は完全な落ち着きを得るところにあります。比較に基づく思考につながった普通の努力は、みなさんの助けにはなりません。悟りを得るというのは、いかなる分別も持たないで、日常生活で完全な落ち着きを持つことです。同時に、それは無分別の態度にこだわるということでもありません。それもまた一種の分別だからです。

私がまだ日本にいるとき、数人の禅の弟子がいました。そのうちの何人かはとても裕福で有力な人たちでした。他の人たちは学生だったり、大工だったり、その他の職種の労働者たちでした。日本では、市長、教師といった人たちには特別の仕方で接します。そういう人たちには特別の話し方をします。しかし私はいつも弟子たちに言いました。「みなさんが禅の修行者であるなら、自分の地位、職業、肩書といったことはすべて忘れなければならない。さもなければ、ほんとうの意味での坐禅を修行することはできない」と。

みなさんが坐禅しているとき、私は「考えるな」と言います。「考えるな」というのは、良い、悪い、重い、軽いといった観点からものごとを扱わないということです。ものごとをあるがままにただ受け入れなさい。考えていなくても、何かが聞こえます。それを聞いたときはたいてい、みなさんの反応は「あれは何だろう?」「あれは車だな」、あるいは「とてもうるさいなあ。あれはたぶんオートバイだろう」といったものでしょう。

坐禅においては、その大きな物音とか小さな雑音をただ聞こえているだけにしておき、そしてそれに悩まされないでいるようでなければなりません。特に初心者にはそんなことは不可能であるかのように思えるかもしれません。そういう音を聞いた瞬間に、直ちに反応が起きるからです。しかし、坐禅を修行し、継続してものごとをあるがままにただ受け入れていけば、いつかはそれができるようになります。それができるようになるやり方は、自分の姿勢あるいは自分の呼吸に集注することです。

日本では侍たちが剣術を習得するために坐禅を修行しました。自分のいのちを失うことを恐れている限りは、自分の能力を完全に発揮して動くことができません。殺すとか殺されるという考えから自由になることができたとき、敵の動きにただ反応することができ、勝利を得ることができます。勝とうとすれば、負けてしまいます。ですから、動きを制限するような恐怖心を持たずに動けるように修行することが、最も大事なことだったのです。これは戦場での生き死にの問題ですが、侍たちは禅堂で彼らの戦いを戦ったのです。

日常生活ではそのような状況はまずありませんから、私たちは修行にたいしてそこまでの必要性を感じません。しかし、何かを成し遂げようと努力すると、そのせいで私たち人間の問題が生み出されます。それが私たちの活動を制限し、そして何も達成できなくなります。

私たちの日常の活動を二つのやり方で理解しなければなりません。そしてどちらかのやり方で、問題なく反応できなくてはなりません。一つのやり方は、良い、悪い、正しい、間違いというように、二元的に理解し、こうした観点でものごとを理解するために一生懸命努力することです。しかしまた、こういう二元的な理解を手放すこともできなくてはなりません。そうすればあらゆるものが一つになります。それがもう一つの理解、一如（oneness）についての理解です。

こうした二つのやり方でものごとを理解し受け入れることができなくてはいけません。しかし、それだけでは充分ではありません。それではまだ二元的です。「これは二つの理解のうちの一つだな」などと考えることなく、一方から他方へと移る自由を持つのです。そうすれば、理解にとらわれることがありません。何をやっても、素晴らしい修行の活動になります。

日面仏でもいい。月面仏でもいい。それが何であっても、それでいい――すべてのものが仏です。そして、仏すらもいないのです。仏を理解していないと、私が「仏などいない」と言うのを聞いて心配になるかもしれません。「あなたは僧侶でしょう？　それなのに仏などいないなんて、どうして言えるんですか？　だったらなぜお経を読むんですか？　どうして仏を礼拝するんですか？」。仏などいません。だから仏を礼拝するのです。仏がいるから仏を礼拝するのなら、それは仏についてのほんとうの理解とは言えません。日面仏、月面仏、なんの問題もありません。私がタサハラにいようがサンフランシスコにいようが、なんの問題もありません。

たとえ私が死んでも、私はそれで差し支えありません。みなさんにとってもそれで差し支えないのです。もしそれで差し支えがあるなら、みなさんは禅の修行者ではありません。それでまったく差し支えなどないのです。それが仏です。

死にかかっているとき私が苦しむとしたら、それは「苦しんでいる仏」です。そこにはなんの混乱もありません。誰もが、身体的な激しい苦痛や精神的な苦痛のせいでもがくでしょうが、それは問題ではありません。みなさんや私の体のように、限界のある体を持っていることに深く感謝しなくてはなりません。もし際限のないいのちを持っていたら、それはみなさんにとって大きな問題だったことでしょう。

私の妻の好きなテレビ番組では、大昔に生きていた幽霊たちが出てきます。彼らはこの世に現れてきて、自分自身や他の人にいろいろな問題を引き起こします。それが実際に起きていることです。人間は人間です。この限界のある体とともに自分の人生を愉しむことができます。この限界があるということが欠かせないことなのです。限界がなければ何一つ存在しません。だから私たちはそれを愉しむべきです。弱い体、強い体、男、女。人生を愉しむ唯一の方法は、私たちに与えられた限界を愉しむことです。

「日面仏、月面仏」というのは「日面仏だろうが月面仏だろうが、どっちでもかまわないさ」と無関心でいるということではありません。それがなんであれ、それを愉しむ、そういう意味です。これはまた、無執着を超越しています。私たちの執着が無執着の地点に辿り着いたら、それがほんとうの執着だからです。何かに執着しているときには、その何かに完全に執着しなさい。日面仏、月面仏！「私はここにいる。私はここだ」。このような自信が重要なのです。こういう自分に対する、自分の存在に対する自信を持っていれば、ほんとうの坐禅を、完全、不完全、良い、悪いを超えて、修行することができます。

どうもありがとう。

35 蛙のように坐る

Sitting like a Frog

蛙は私たちの修行の良い実例です。かなり長い間修行を続けてきた人なら、修行についての間違った考えに深入りしている人を見てちょっと笑い、何もしないで、たいした進歩もなくいつも坐っている自分自身を見てちょっと笑うでしょう。

A frog is a good example of our practice. When you have been practicing for a pretty long time, you will laugh, partly at someone who is involved in the wrong idea of practice, and partly at yourself who is always sitting, without doing anything, without making much progress.

最近私はカレンダーに仙厓《せんがい》の蛙の画があるのを見ました。その画には仙厓の言葉がつけられていました。「私たちがもし坐禅の修行によって仏になれるのなら……(坐禅して人が仏になるならば)」と。彼はそれ以上は何も言っていませんが、蛙の考えていることは想像できます。

「もし人が坐禅の修行によって仏になることができるのなら、俺も仏になれるはずだ」（笑）。修行について少しでも理解できている人なら、悟りを得るために坐っている人を見たら、こう思うでしょう。「ああ、あの人は蛙みたいに坐っているな」と。

実際、蛙の坐り方は私たちの坐禅よりよほどましです。私はいつも彼らの修行をほめています。彼らは決して眠くなったりしません。彼らの眼はいつも開いています。そして直観的に適切なやり方でものごとを行います。食べ物が近くにやってくると、こんなふうにやります。ペロッ！　彼らは何一つ見逃しません。いつも落ち着いていて静かです。私は蛙のようになれたらいいのにと思っています。

蛙の画のなかで仙厓が言っていることを理解できるなら、みなさんはもうすでに禅がいかなるものであるかを理解できています。彼の画にはたくさんのユーモアと修行についての優れた理解があります。私たちの修行は蛙の修行よりましというわけではありませんが、私たちは坐り続けます。かなり長い間修行を続けてきた人なら、修行についての間違った考えに深入りしている人を見てちょっと笑い、何もしないで、たいした進歩もなくいつも坐っている自分自身を見てちょっと笑うでしょう。自分自身のことを笑うのです。自分自身のことを笑うことができるなら、悟りがあります。

みなさんの坐禅はまだ初心者の坐禅か、あるいは初心者の坐禅よりもだめなときもあるかもしれません。とてもいい修行をしている弟子を見ると、私はときに自分を恥ずかしく思うことがあります。「ああ、彼はとてもいいなあ」。自分も再びあの若者のようであったらいいのにと思うのです。しかし、もう遅すぎます。いずれにせよ、私たちの修行は蛙の坐禅よりましになることはできませんが、それでいいのです。いい坐禅をしている人を見るのは、私にとってだけでなく、誰にとっても元気づけられるものです。もしみなさんの坐禅が人に良い印象を与えるほど良いものであるなら、その坐禅は、自分ではそう思えないとしても、かなり良いのです。それと同じように、自分の坐禅が大変いいと思っていて、自分の得た悟り体験を自慢に思っているとしても、もしその坐禅が誰も元気づけることがないとしたら、それは修行が間違っているのかもしれません。

戒律について語るとき、私たちはこれをしてはいけない、あれをしてはいけないと言います。しかしもし、坐禅のような良いことをしていたら、同時に悪いことはできません。良いことをずっと続けていく。それが戒律を守っていくやり方です。ですからポイントは、名声とか利益のことをすべて忘れてただ坐ることです。坐禅のためにただ坐りなさい。それがほんとうの道を求める心〔求道心〕を持つということであり、自分の内奥にある要求を見出すということです。

求道心の修行はみなさんの直観を鋭くしてくれます。そうなれば、何を選ぶべきかを知るのがそれほど難しいことではなくなります。みなさんは選択をするために、何が良くて何が悪いかを知ろうとします。そして、一つのものをもう一つのものと比較して、良いほうを買ったり手に入れたりします。すべての色や材料のなかから布を選ぼうとします。二日か三日かけていいものを探しても、結局自分には似合わないものを手に入れることになるかもしれません。そしてまた同じ店にもどります。お店の人がそれを別なものに取り換えてくれたら、みなさんはラッキーです。

こういう修行を無駄だと言ってはいけません。それは実は私たちの道の第一歩なのです。良い修行をどのようにするかということと、自分にぴったりのものをどうやって買うかということは同じなのです。みなさんがそれに過度に没頭しておらず、あまり買いすぎていないようなら、適切なものを手に入れることができます。

直観的な感覚をどう使うかという秘訣を知っているなら、みなさんの活動はいろいろな制限から自由になり、日常生活のなかで自分の進む道を見つけるでしょう。私たちがなぜ坐禅の修行をするのか、ほんとうの活動、いろいろな欲望や制限から自由である直観的な活動とは実際のところ何であるのかということを理解できるまでは、良い修行が何であるのかを見出すのは難しいでしょう。そうであっても、修行を続けても大丈夫です。そのような直観的な活動をどのようにして獲得するかということを知らないでいても、どっちみちそれを少しずつ手に入れるでしょう。ですから厳しい特別な修行に深入りすることはどちらかといえば愚かなことです。坐禅修行は充分厳しいものです。坐禅修行を通してのみ、さまざまな禅匠たちが悟りを達成して――他に言葉がないので私はここでは「達成する」という言葉で言いますが――ほんとうの仏になったのです。

ほんとうの修行を理解することができたら、弓術も他の活動も禅になります。ほんとうの意味で弓術を修行することがどのようなことかを理解できていないなら、たとえどんなに一生懸命それを修行しても、みなさんが得るのは単なる技術（テクニック）だけです。それはどこまでいってもみなさんを助けてはくれないでしょう。ねらわないでも的に当てることができるかもしれませんが、弓や矢がなければみなさんは何もできません。修行の核心が理解できれば、たとえ弓や矢がなかったとしても、弓術はみなさんを助けてくれるでしょう。そのような力あるいは能力をどのようにして手に入れるか、それは正しい修行を通してのみ可能です。道元禅師は、正しい修行をするとは正しい師を得て正しい指導を受けることだと言っています。さもなければ、禅を理解することはできません。

この正しい修行、根本的な修行をただ続けること、それが最も重要なことなのです。

どうもありがとう。

講話を編集するにあたっての覚書

Notes about Editing the Lectures

数年前わたしは、サンフランシスコにある禅センターから、鈴木老師の講話を編集する仕事をしないかという誘いを受けました。最初私は躊躇しました。自分が、老師の言葉を独自に、あるいは特別に理解しているとは思えなかったからです。最終的に私は引き受けました。人々が私を信頼してくれていることを信頼しようと思ったからです。

まず老師の講話がテープから文字に起こされたものを読むことから始めました。そして、私の心に訴えかけてくるような講話を選び出していきました。さまざまな教えの良い実例を集めるためではなく、心に訴えかけてくるような講話——蛙、亀、象のイメージであったり、玄米や地面のイメージであったり、それから誠実さや集中のイメージといった、特定のイメージにしばしば焦点があてられているようなもの——を選びました。それから徐々に編集の作業を始めました。それはゆっくりと進むプロセスでした。この作業を始めたころからすでに、私は個々の講話のまとまりを大事にし、切ったり貼ったりはしないことに決めていました。

最初、もともとの表現を変える部分を最小限にとどめて最後まで眼を通しました。つまり

「う〜ん」とか「あのー」とかを取り除いたり、鈴木老師がある文章を二、三回言いはじめて、言いたかったことをやっと言えたような場合を一つの文にするといった作業を行ったのです。ここからさらに、講義のなかでは大変有効だったのですが、書かれた言葉では読者が最初意味がわからなかったことでもいつでももどって読み返せるので、そういう繰り返しの重複部分を取り除きました。三度目には、すべての講義について、鈴木老師独特の言葉の使い方を保存することをねらって、話の構成を引き締めようとしました。たとえば、should（べきである）、must（ねばならない）、「このような修行（this kind of practice）」とか「このような理解（this kind of understanding）」に見られるような、たくさんの kind of（〜のような）、たくさんの you（みなさん）と we（私たち）の入れ替え、時制の変化、たいていの場合 a,an,the といった冠詞を意味するためにしばしば使用される some などです。

鈴木老師の肉声をできる限り保存したいと思いましたが、最終的には、鈴木老師の「日本語主義（Japanese-ism）」の多くを編集し、それらをより一般的に使われている英語の表現に変更しはじめました。たとえば、should を含んだ表現の多くは「みなさん」を使った表現、あるいは単純な命令文にしました。「You should wake up（みなさんは目覚めるべきだ）」は「Wake up（目覚めなさい）」としました。このプロセスがあまり先へと進む前に、鈴木老師の弟子の一人である宗純・メル・ワイツマンと一緒に編集の作業をするようになりました。私たちは一緒に全部の講義に眼を通し、we や you の用法をはっきりさせ、動詞の時制を標準化し、適切な冠詞を挿入していきました。ここでもまた、私たちは鈴木老師の言葉づかいをなるべく保存しようと意図しましたが、同時に、内容を犠牲にしないようにして、読者のために明解で読みやすいものにすることも目標としました。

どのような変更を加えるにあたっても、私たち二人がどちらも賛成するようなものにしました。そのように一緒に作業することで、私は自信を持って先へ進めるようになりました。またこの本のためにどのようにもとの資料を提示するべきかについて二人が同じような感性を持っていることを発見しました。

最終的には他の人々にも原稿を読んでもらいました。リンダ・ヘス、キャロル・ウィリアムズ、ローリー・シエリー、ノーマン・フィッシャー、マイケル・ウェンガー、マイケル・カッツといった人たちです。それぞれに読んでもらった後、彼らからもらった編集上の示唆を検討し、メルと私でさらに検討を加え、そういう示唆に従うかどうか、あるいはどうそれに応えるかということを決めていきました。ここでもまた、私たちの意図は、最小限の数の「訂正」や「意味の明確化」を施しながら、鈴木老師の言葉づかいをできるだけ保存するというところにありました。ときには、「ここははっきりしていない」とか「ここがわからない」といった彼らからの示唆に応えようとしても、私たちにできることが何もないこともありました。ときには、彼らにただ鈴木老師の言葉をじっくり考えてもらうのがいちばん良いことだと思えるようなこともありました。

今やこのプロセスも完了間近になってきました。最終的な出来上がりは元の草稿とはだいぶ異なったものになりました。しかし、私は、私たちの編集作業が鈴木老師のもともとの講話の良さを充分に表すことができたことを願っていますし、またそうすることができたと信じています。しかし、私たちの努力を独立に評価するすべが私にはありません（客観的なアプローチは特別有用なわけではないと、鈴木老師は再三それとなくおっしゃっていました）。私が（メルの丁寧で惜しみない助けと支えを受けて）充分な配慮と注意深さを持って、ゆっくりと、一歩一歩、作業を進められたかどうか、それはわかりません。私たちの編集作業前の状態での老師の講話を学びたいと思う人は、禅センターの図書館にその草稿があって閲覧できますし、いずれそのようなフォーマットでその草稿を出版するかもしれません。

私は、鈴木老師の教えを保存し一般に公開するという努力をしながら、弟子であった私たちに向かって仏教を提示するという老師のなされた努力を自分もまた継続しているのだという自信のようなものを感じていました。しかし、もし誤りや過失、不一致などがあるなら、それは私の責任です。読者のみなさんの寛恕《かんじょ》を乞《こ》う次第です。

鈴木老師の言葉ではない、付加されたコメントは括弧《かっこ》でしるしました。〔日本版では適宜（　）としている〕

草稿の全体にわたってしばしば使われているいくつかの日本語――とりわけ、只管打坐、坐禅、経行、接心、禅堂――はイタリック体にはしませんでした。これらの言葉についての短い説明は序文のなかでしています。その他の外国語の言葉はイタリック体で表記し、本文のなかで説明してあります。〔日本版では特に書体を変えていない〕

以前に『タサハラ・ブレッド・ブック（*The Tassajara Bread Book*）』を書いたときの経験が今回やはり役に立ちました。もともとは一九七〇年に出版されていたこの本を一九八五年に改訂しようと着手したとき、自分が知らないうちに鈴木老師が使っていたような英語でこの本を書いていたことを見出しました。たとえば、「Put bread on board and knead with hands」というふうに。鈴木老師と共に時を過ごした多くの弟子たちと同じように、私も無意識のうちに老師が話すような話し方を身につけていたのです。知らない間にほとんどの冠詞や代名詞を省いてしまっていました。改訂版では冠詞や代名詞を元にもどして入れることにしました。「Put the bread on a board and knead it with your hands」（パンを板に載せて、手でこねる）という具合に。初版からもう一五年以上が経っているのに、その間そのことを私に指摘した人は誰もいませんでした。どうするべきなのでしょうか？　どちらかがよりほんとうなのでしょうか？　どちらかがより率直な言い方なのでしょうか？　それとも、私たちがそのことを知っていたら、私か鈴木老師がきっと訂正したであろうような話し方なのでしょうか？　このことについて確信を持って言うことはできません。しかし間違いなく、私は自分のハートとそして老師と彼の教えに対して感じている私の愛情に正直に従って編集を行いました。

参考文献

Further Reading

Brown, Edward Espe. *The Tassajara Bread Book*. Shambhala, revised 1986.

———. *The Tassajara Recipe Book*. Shambhala, revised 2000.

———. *Tomato Blessings and Radish Teachings: Recipes and Reflections*. Riverhead Books, 1997.

Chadwick, David. *Crooked Cucumber: The Life and Zen Teaching of Shunryu Suzuki*. Broadway Books, 1999.（邦訳『まがったキュウリ—鈴木俊隆の生涯と禅の教え』浅岡定義訳、藤田一照監訳、サンガ、二〇一九年）

———. *To Shine One Corner of the World: Moments with Shunryu Suzuki*. Broadway Books, 2001.

Suzuki, Shunryu. *Branching Streams Flow in the Darkness: Zen Talks on the Sandokai*. University of California Press, 1999.

———. *Zen Mind, Beginner's Mind*. Weatherhill, 1970.（邦訳『新訳禅マインド　ビギナーズ・マインド』藤田一照訳、ＰＨＰ研究所、二〇一二年）

Wenger, Michael. *Wind Bell: Teachings from the San Francisco Zen Center, 1968-2001*. North Atlantic Books, 2002.

謝辞

Acknowledgments

私は一九六五年に禅センターで坐禅の修行を始めました。それからの長い年月にわたって沈黙のうちに一緒に坐ってきた何百人もの人々に、私は大いなる恩義を感じています。人間であるということは容易なことではありません。他の人々が静かに坐っている――それはいわば「自分の中にあるものをより分けて調べること」とでも言えるでしょう――ことから受けるサポートは「自己を自己へと落ち着ける」営みにとってはなくてはならないもののように思えます。

禅センターの数人の人たち――とりわけメル・ワイツマン、ノーマン・フィッシャー、マイケル・ウエンガーは私が鈴木老師の講話を編集することに対する厚い信頼を表明してくれました。彼らのサポートなしで、自分一人だけで始めることは決してなかったでしょう。私たちはみんなもう三〇年以上の知己同士です。さまざまな文脈や状況で、お互いの長所や弱点、明るいところ、暗いところに直面してきました。私がこの本のプロジェクトを始めたのは、彼らが私を信じてくれたからです。

老師の講話を選び編集していくプロセスの間、私は特にこの三人と接触を保ちました。メルと私は一緒にすべての講話に、少なくとも一回、時には三回から四回、眼を通しました。その作業が終わると私たちはランチを共にし、お互いが一緒にいることを愉しみました。マイケルはこのプロジェクトの最初から最後までずっとついてきてくれ、驚くほど小さなしぐさとコメントで大きな影響を与えてくれました。ノーマンはいくつかの講話の初期の原稿に眼を通してくれて、あのいつもの素敵なユーモアと正直さ、率直さを持って編集上のコメントを寄こしてくれました。彼が私の能力に対して持っていた信頼は私にも「伝染」してきました。禅センターと私自身の両方のブック・エージェントであったマイケル・カッツは彼の独特のやり方でこのプロジェクトをずっと世話してくれました。電話でやりとりしたとき、話題は鈴木老師についてのこともあったりそうでなかったりしましたが——たいていはそうではありませんでした——、そのおかげで私は生き生きとし、目が覚め、元気が回復しました。

リンダ・ヘス、キャロル・ウィリアムズ、そしてローリー・シェリーはさまざまな段階（一年かそれ以上の間隔）で草稿に眼を通してくれ、編集上のコメントをもらいました。それぞれが、資料に対する私の眼と耳を洗練するうえで欠かすことのできない特定の視点を持っていました。私は彼らに大変感謝しています。

私は数年間レブ・アンダーソンのもとで学びました。彼の智慧とサポートに感謝しています。また私はときどき、ジャック・コーンフィールドの弟子でもありました。私の仕事に対するジャックの思いやりのある熱意は私にとって大きな励ましでした。

ビル・レディカンの「鈴木老師アーカイブ」プロジェクト——目録を作り、文字起こしをし、いつどこでなされた講話かを確定する——は計り知れないほど貴重なものでした。細部と正確さについての彼の驚くべき眼と耳のおかげで草稿の質が著しく向上しました。もちろんこのアーカイブ・プロジェクトの大部分は、鈴木老師の生涯と教えを広く読者に届けようとするデイビッド・チャドウィックの情熱によって進められています。

ハーパーコリンズ社のヒュー・ヴァン・デューセンとデイビッド・セマンキからも多大のサポートを受けました。

このプロジェクトに直接参加はしていないものの、鈴木老師の未亡人である鈴木みつさんはいつも私のハートの中で特別の場所を占めていました。彼女は私にとってずっと鼓舞する人、先生、世話役でした。彼女の献身と思いやりの深さは計り知ることができないほどです。彼女の机でいただく緑茶ほど美味しいお茶はどこにもありませんでした。

あらゆる人たちに祝福を送ります。

エドワード・エスプ・ブラウン
寿山海寧
二〇〇一年五月

訳者あとがき

本書は、日本の禅を世界に広める上で大きな貢献をした曹洞宗僧侶鈴木俊隆《しゅんりゅう》老師（以下、鈴木老師と略称）の英語の第一講話集として有名な *Zen Mind, Beginner's Mind*（初版はウェザーヒル社より一九七〇年刊）に続く第二講話集 *Not Always So: Practicing the True Spirit of Zen*, edited by Edward Espe Brown（HarperCollins, 2002）の全訳です。この本は、すでに私の翻訳で『禅マインド　ビギナーズ・マインド2』（サンガ、二〇一五年）として出版されていましたが絶版となり、入手が困難になりましたので、このたび元の訳文に必要な手を入れて、題名と装いを変えて新たに世に出すことにしました。

鈴木老師は自分の第一講話集が出版された時にはまだご存命で、それを手に取ってちょっと目を通してから「いい本ですねえ。私が書いたのではありませんが、いい本のように見えますよ」とおっしゃったそうです。その翌年の一九七一年一二月にお亡くなりになられましたから、英語の第二講話集が出されるまでに三十年ほどの月日が流れたことになります。もし、鈴木老師が生きておられてこの第二講話集を手に取ったらどういうコメントをされたのか想像してみたくなります。また、六十年代にアメリカ人の弟子たちに向かって英語で語った自分の講話集がそれから五十年以上経って日本語に訳され母国の人々に読まれる光景を、もし鈴木老師が見たとしたらどういう反応をされただろうかということも興味の湧く空想です。

本書の原題は『必ずしもそうであるとは限らない―禅の真精神を修行する』です。“not always so”は道元禅師の『正法眼蔵 現成公案』に出てくる「何必《かひつ》（何ぞ必ずしも）」という重要な言葉を英語に訳したものです。何必とは「現実は絶えず変化しているから、～であると限定し決めつけることができず、文字や言語で説き表すことはできない」という意味です。“It may be so, but it is not always so.”（そうかもしれないが、必ずしもそうとは限らない）が鈴木老師のお気に入りの表現の一つでしたから、この原題を活かした邦題も検討したのですが、最終的に『禅的修行入門―誰でもあらゆるものから自由になれる秘訣』としました。禅の修行はこの何必の洞察に基づいて、その時その時の具体的な現実に新鮮に取り組む初心者の心（「ビギナーズ・マインド」）を何よりも重視します。そして、坐禅や日常のあらゆる行為を通して修行を深めていくことで、自分のこだわりや思い込みから自由になっていく道だからです。

編者のエドワード・エスプ・ブラウンさんは一九四五年に生まれ、一九六五年から禅を学び始めました。一九七一年に鈴木老師のもとで出家得度し、寿山海寧（Longevity Mountain, Peaceful Sea）という僧名をもつ僧侶となりました。彼は特に料理が得意で、タサハラ禅マウンテン・センターで典座《てんぞ》（禅宗寺院で修行僧の食事、仏や祖師への供膳を司る役職）として修行中のころ、*The Tassajara Bread Book* と *Tassajara Cooking* という二冊の料理本を出版し、いずれもベストセラーになりました。またサンフランシスコで有名な菜食料理のレストラン

Greens Restaurant の創設にも関わっています。現在、カリフォルニア州マリン郡フェアファックスで Peaceful Sea Sangha という禅グループを主宰し、また各地で禅の指導や料理の指導を行っています。

私は、今年（二〇二二年）九月に鈴木老師の第一講話集を『新訳禅マインド　ビギナーズ・マインド』として新しく訳して出版しました（ＰＨＰ研究所刊）。英語で書かれた仏教書の世界的ベストセラーとして有名なこの本は、すでに邦訳がなされていましたが、やはり絶版となって入手困難になってしまったからです。「二人の鈴木」として鈴木大拙翁と並び称される鈴木老師の講話集を、私は本書とあわせて二冊立て続けに邦訳したことになります。私は鈴木老師とは直接の面識はありませんが、『新訳禅マインド　ビギナーズ・マインド』の「訳者あとがき」に書いたような不思議なご縁でつながっていると感じています。私の拙い二冊の訳書が、微力ではあっても、鈴木老師が体現していた禅の息吹を彼の母国である日本の人々に届ける縁《よすが》になるようにと祈るばかりです。

本書に収められている講話は鈴木老師最晩年の三年間になされたもので、タサハラでの接心中の講話が目立ちます。その点で、初期の講話が収められている『禅マインド　ビギナーズ・マインド』とは異なっています。初期講話集である『禅マインド　ビギナーズ・マインド』は鈴木老師が最も力を注いで伝えようとした坐禅の意義や具体的なやり方、注意点、取り組みの態度、坐禅の背景にある考え方などが中心的に語られている「坐禅の手引き書」です。それに対し、後期講話集である本書ではその坐禅修行で培われるものを日常生活にどう拡張していくかということが主要なテーマになっています。その意味で人生そのものを修行として生きていくことを勧める「人生の指南書」と言えるでしょう。

順境であれ逆境であれ、人生のあらゆる局面を自分の修行の糧としてひるまずに引き受け、誠実に深く生きていくということが、実際にはどのようなことであるか、鈴木老師はその微妙なニュアンスや味わい、奥深さを母国語ではない英語によって伝えるべく、並々ならぬ努力をされています。深遠なこと、常識からすれば理解しがたいこと、受け入れがたいことを、なんとか英語でわかるように語ろうと鈴木老師が苦労していることが、かえってわれわれに訴えかけてくる力を生みだしているのです。さまざまなメタファーを駆使し、日常的で卑近な出来事や自分の実体験を引き合いに出し、一つのことをさまざまに言い換えて話をしています。それはきっと愉しいことでもあったのでしょう。鈴木老師が講話をしている動画が残されていますが、それを見ているといかにも愉快そうに話をされているのが伝わってくるのです。

鈴木老師の言葉を借りて言えば、「小さな自分」の皮相的な欲求ではなく、「大いなる自己」の深い要求に促されて自分独自の人生を切り拓いていくことが、コロナ禍の今ほど求められているときはありません。今回、コロナ禍以前に訳出した自分の元の原稿を読み直しながら、私は鈴木老師からまた新たな形で力強く鼓舞されている気がしました。「つねに初心者の心を持って、あなた独自の人生を修行していきなさい！」と。読者の皆さんにもそういうことが起こるよう切に願っています。

絶版の憂き目にあった本書がこのような形で再び世に出る機会を与えてくださった徳間書店学芸編集部武井章乃さんに感謝いたします。

鈴木老師が講話の最後に必ず言われていた、日常的ですがとても意味深い英語のあいさつをここでお借りして訳者あとがきを終わります。

Thank you very much.

二〇二二年十二月八日　釈尊成道の日に
葉山の仮寓にて　　藤田一照

〈著者〉
鈴木俊隆（Suzuki Shunryu）
１９０４年生まれ、神奈川県平塚市の曹洞宗松岩寺に生まれる。12歳で静岡県周智郡森町の蔵雲院の玉潤祖温老師に弟子入り、駒澤大学在学中に蔵雲院住職、１９３６年に静岡県焼津市の林叟院の住職となる。１９５９年渡米し、サンフランシスコ桑港寺住職になる。１９６２年サンフランシスコ禅センターを設立。１９６７年カリフォルニア州タサハラにアジア以外では最初の禅院である禅心寺を開く。１９７１年に68歳で禅センターにて逝去。渡米12年の間にアメリカにおける禅の基礎を築いた。欧米では20世紀を代表する精神的指導者の一人とされる。邦訳書に『新訳禅マインド　ビギナーズ・マインド』（ＰＨＰ研究所）、エピソード集に『禅は、今ここ。』（サンガ）がある。

〈訳者〉
藤田一照（Fujita Issho）
１９５４年（昭和29年）、愛媛県に生まれる。東京大学教育学部教育心理学科卒業。東京大学大学院教育学研究科教育心理学専攻博士課程を中途退学し、兵庫県にある曹洞宗の紫竹林安泰寺にて得度、僧侶となる。１９８７年よりアメリカ合衆国マサチューセッツ州西部にあるパイオニア・ヴァレー禅堂に住持（住職）として渡米、近隣の大学や仏教瞑想センターなどで禅の講義や坐禅指導を行う。２００５年に帰国。２０１０年より２０１８年までサンフランシスコの曹洞宗国際センター所長を務め、スターバックス、フェイスブックなどアメリカの大手企業でも坐禅を指導する。現在、神奈川県の葉山にて実験的坐禅会を主宰。『現代坐禅講義』（角川ソフィア文庫）、『禅　心を休ませる練習』（だいわ文庫）、『新訳　禅マインド　ビギナーズ・マインド』（ＰＨＰ研究所）など、著書や訳書が多数ある。

禅的修行入門

誰でもあらゆるものから自由になれる秘訣

第1刷　2023年1月31日

著　者　鈴木俊隆
訳　者　藤田一照
発行者　小宮英行
発行所　株式会社 徳間書店
141-8202 東京都品川区上大崎3-1-1
目黒セントラルスクエア
電話　編集(03)5403-4344／販売(049)293-5521
振替　00140-0-44392
印刷・製本　大日本印刷株式会社

ISBN978-4-19-865593-8